Arnold Wohler

Kleine Klavierstücke

"sehr leicht"

... bis

"mittelschwer"

Bibliografische Informationen der Deutschen Nationalbibliothek:
Die Deutsche Nationalbibliothek verzeichnet die Publikation
in der Deutschen Nationalbibliografie; detaillierte bibliografische
Daten sind im Internet über dnb.dnb.de abrufbar.

Herstellung und Verlag: BoD - Books on Demand, Norderstedt

ISBN: 978-3-754380-01-7

Kleine

Klavierstücke ...

sehr leicht ...
bis mittelschwer

Die vorliegenden Klavierstücke verweisen
auf Vorbilder in der Musikgeschichte:
Klavierstücke von Bach, Mozart und Debussy,
aber auch von Schönberg und Webern
standen Modell für die kompositorische Arbeit.
Der Schwierigkeitsgrad dieser Stücke
beläuft sich zwischen "sehr leicht" und "mittelschwer".

Inhalt:

Invention in C-Dur

Allegro moderato

Klavierstück

Andante cantabile

Più mosso

Arabesque

Andantino poco rubato

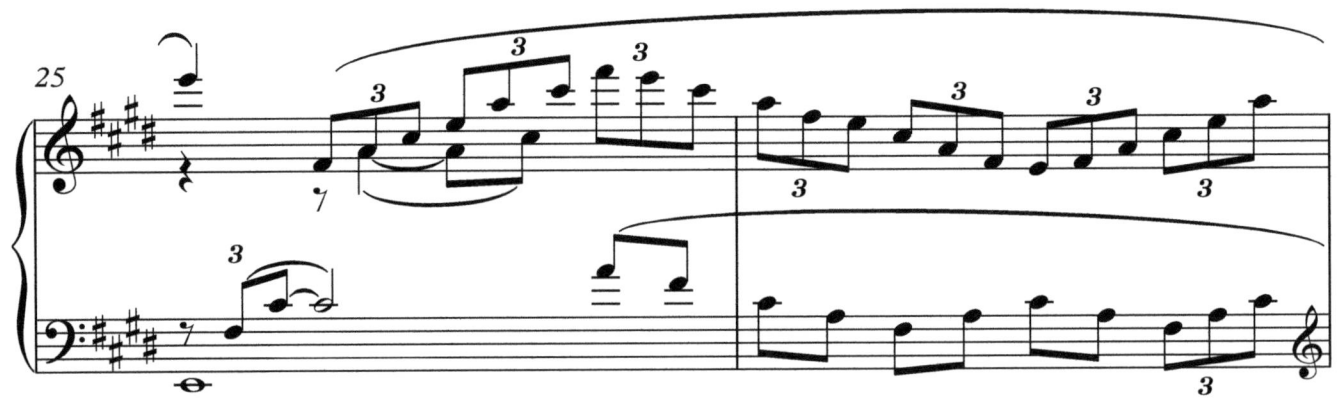

Captured in dreams

1. Adagio con spirito

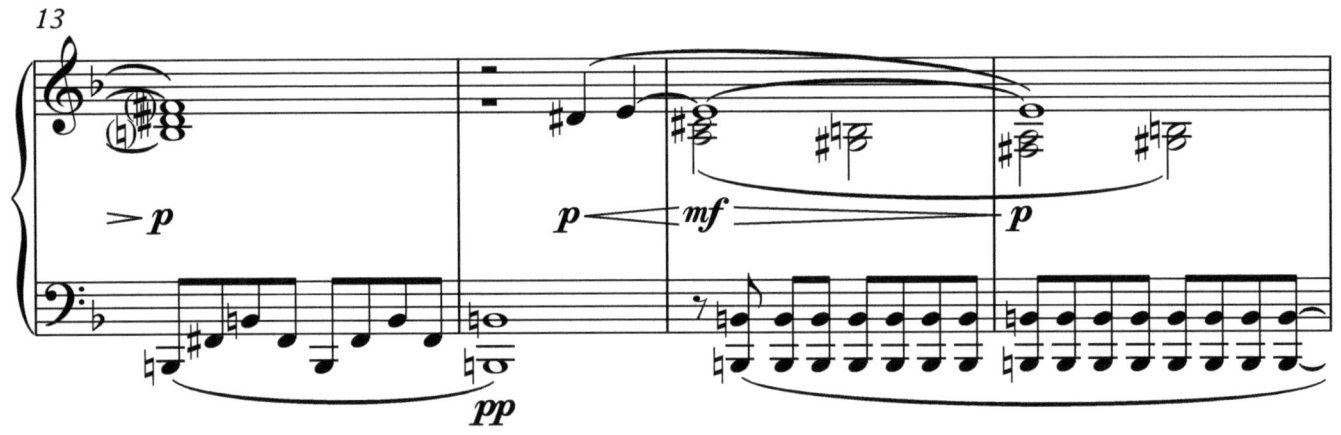

Meno mosso

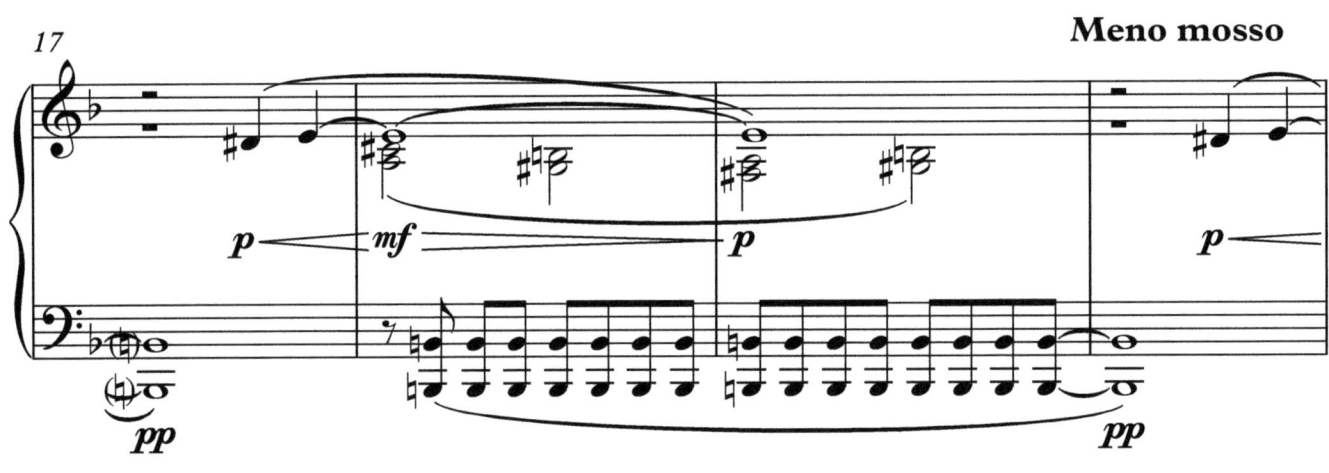

A tempo

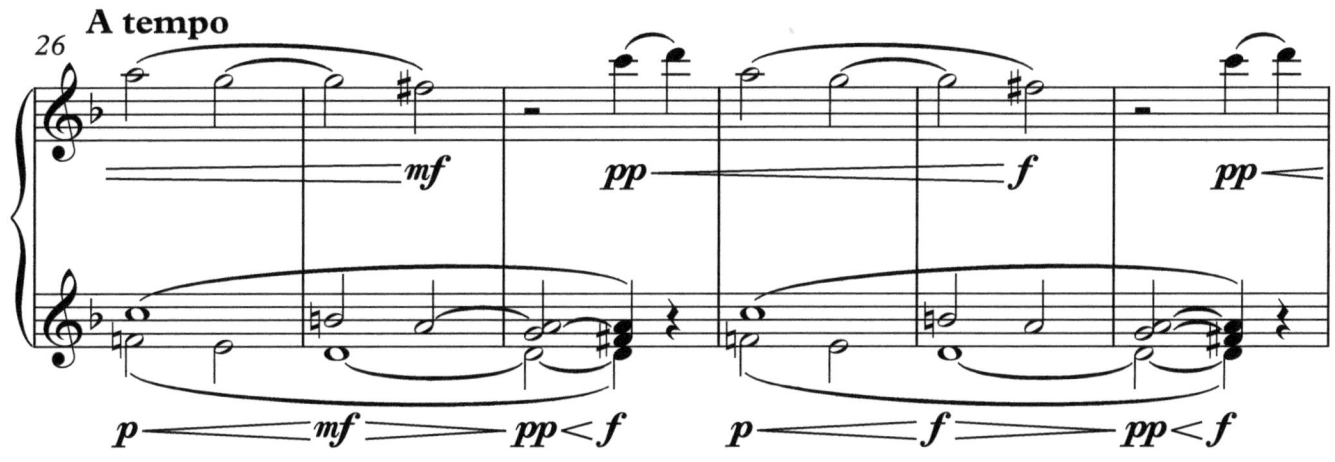

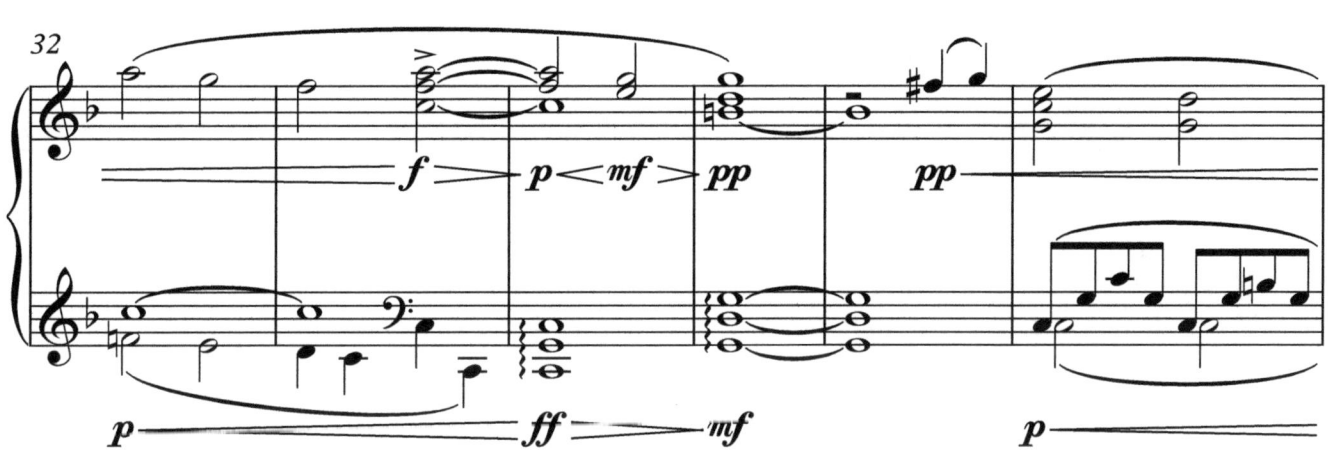

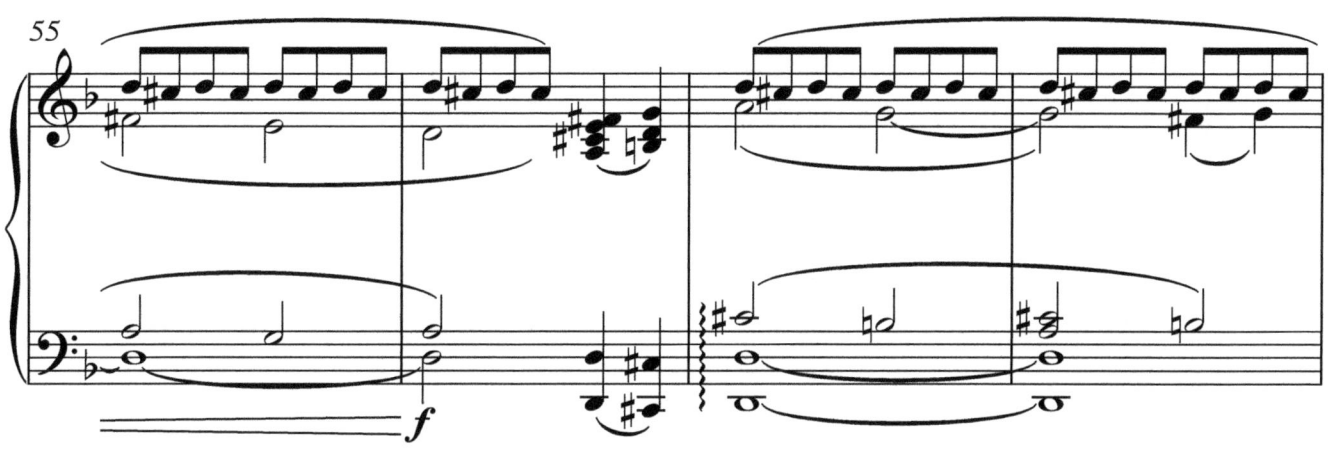

II. Andante

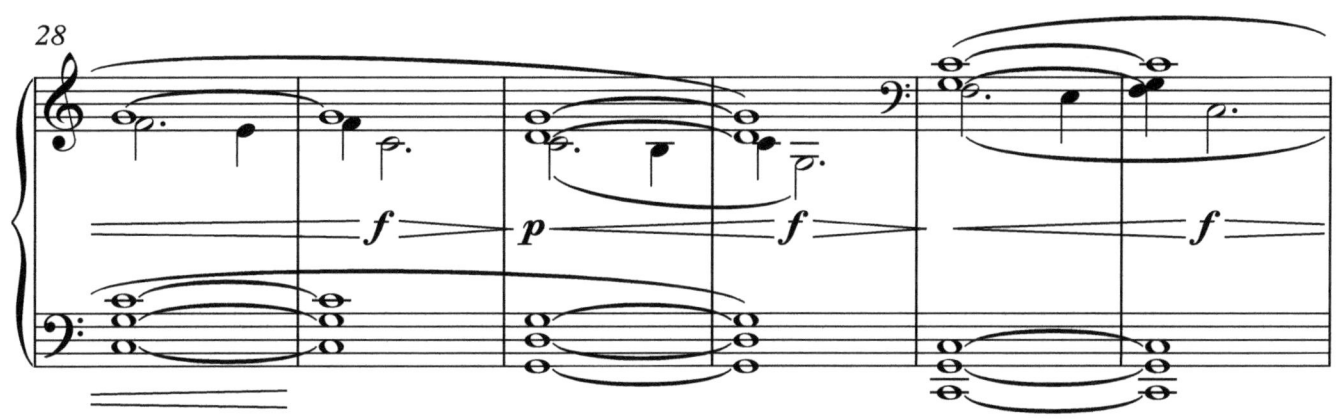

24

III. Andantino

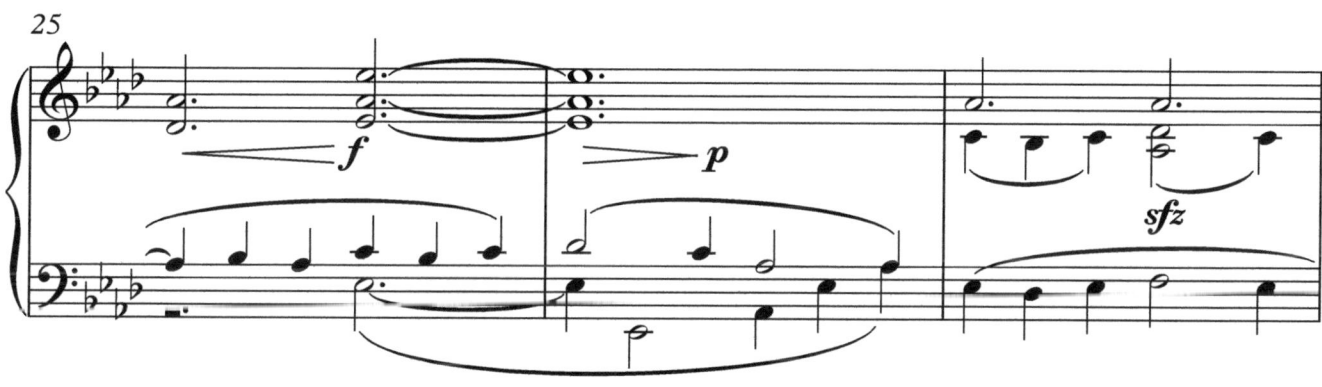

IV. Andante moderato

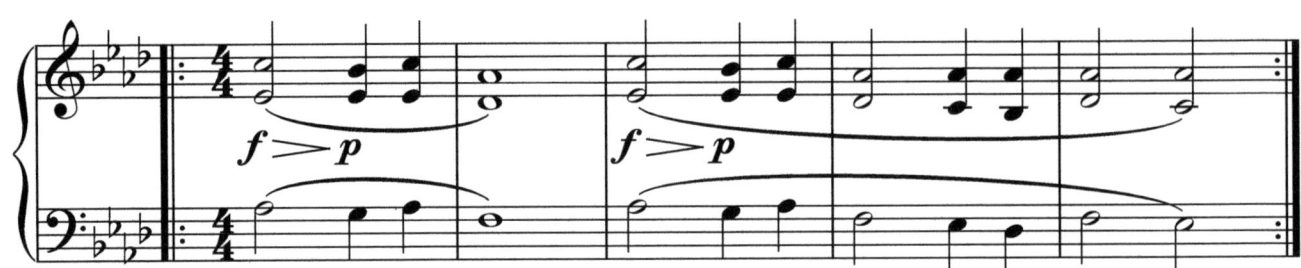

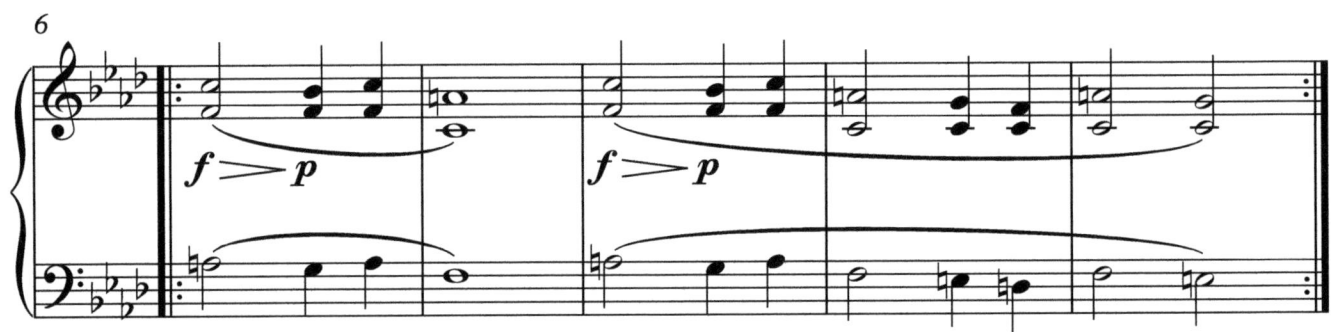

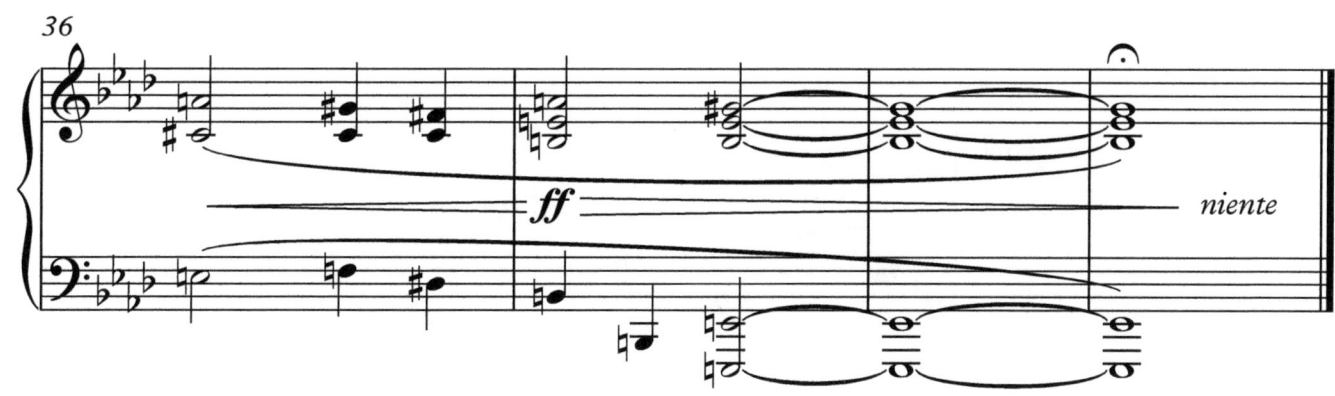

V. Adagio

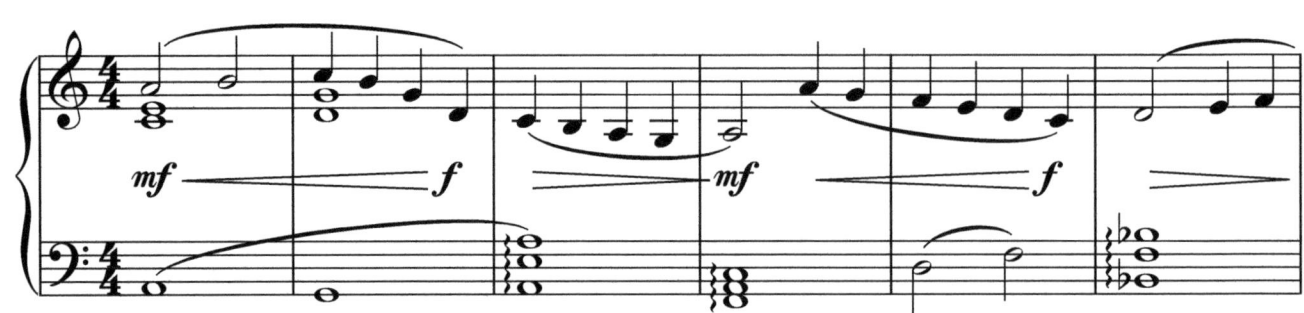

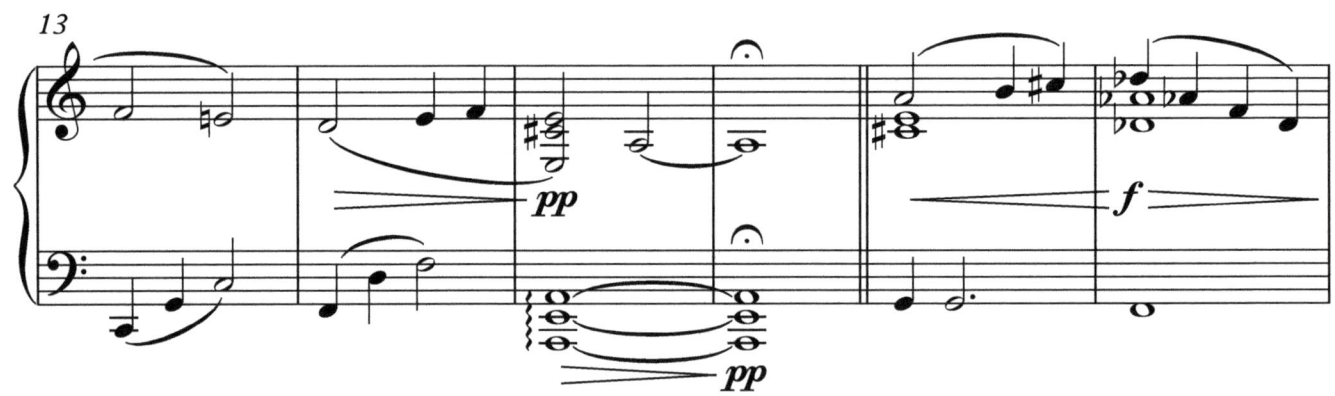

30

VI. Moderato

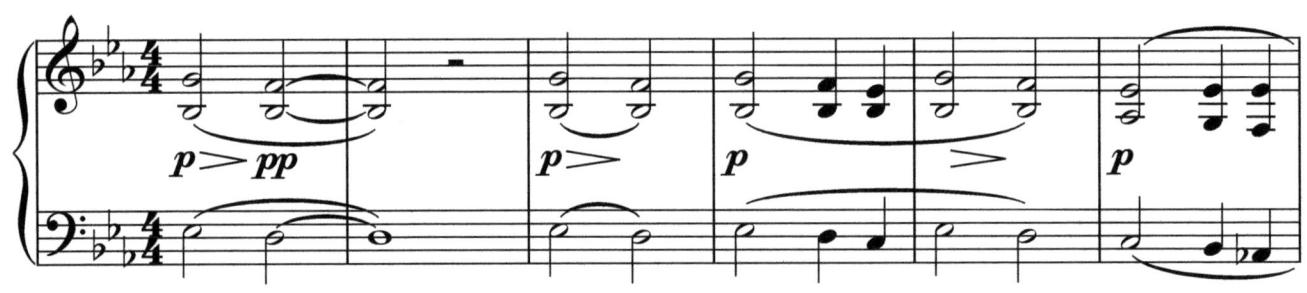

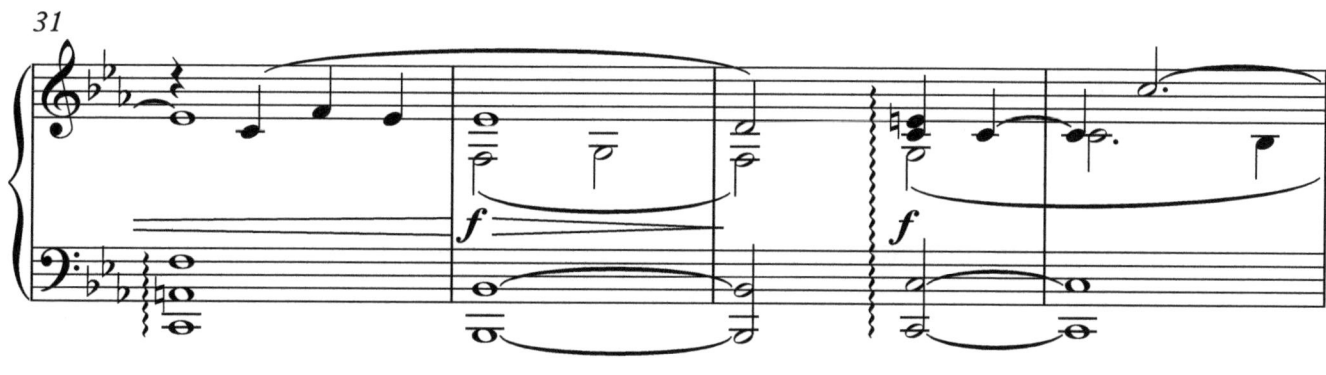

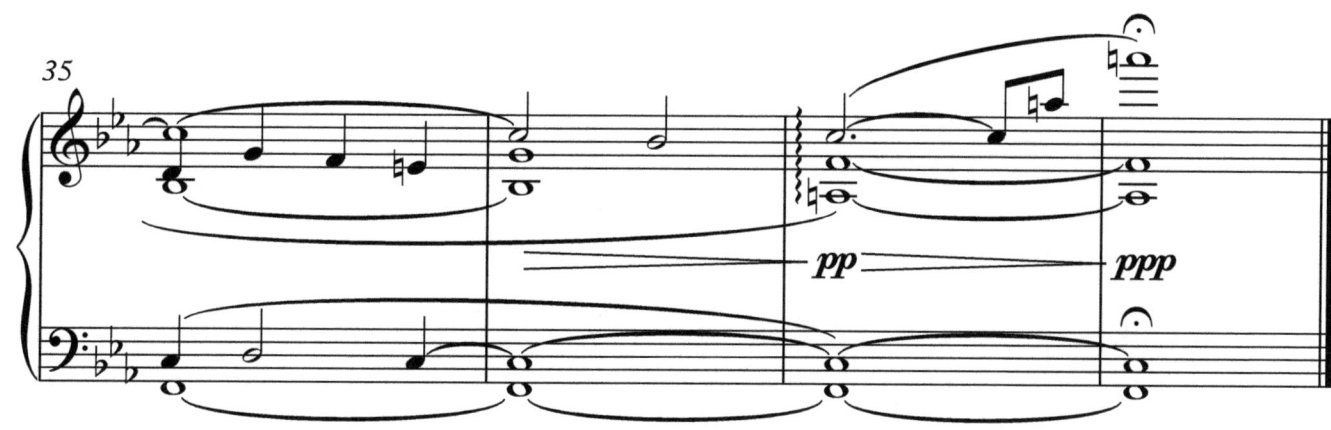

32

VII. Andante sostenuto

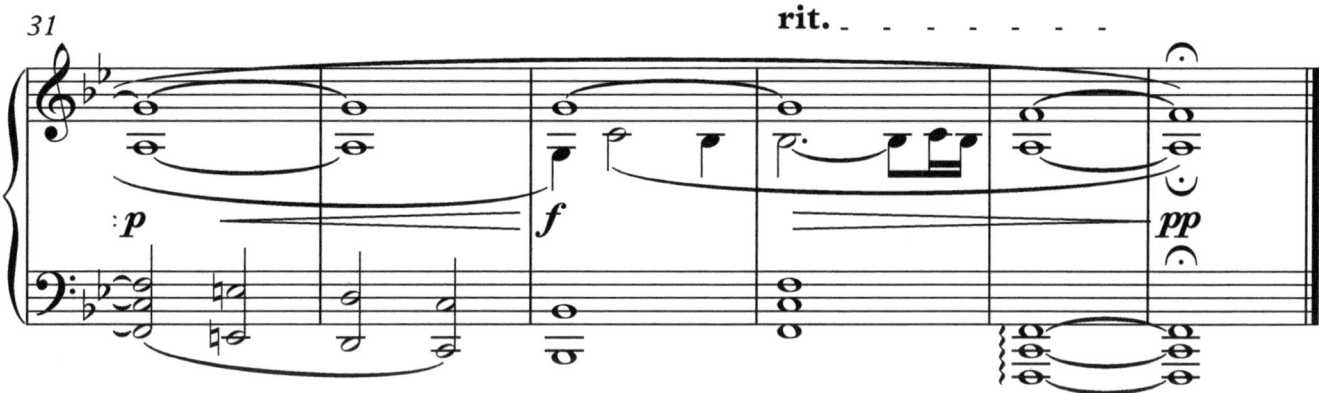

Klaviersuite Nr.1

I. Andante arioso

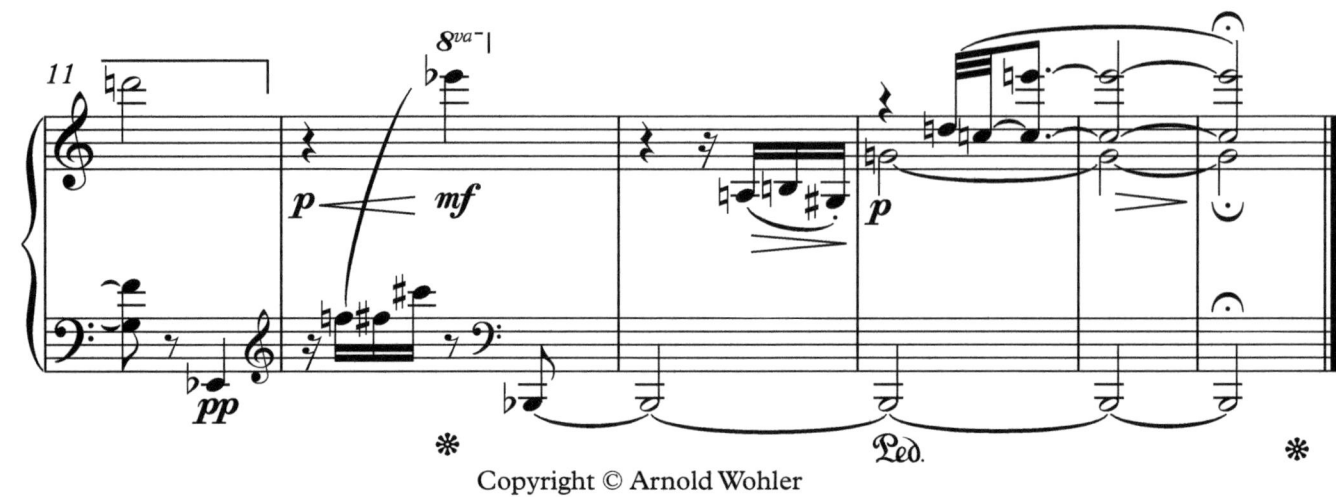

II. Poco agitato

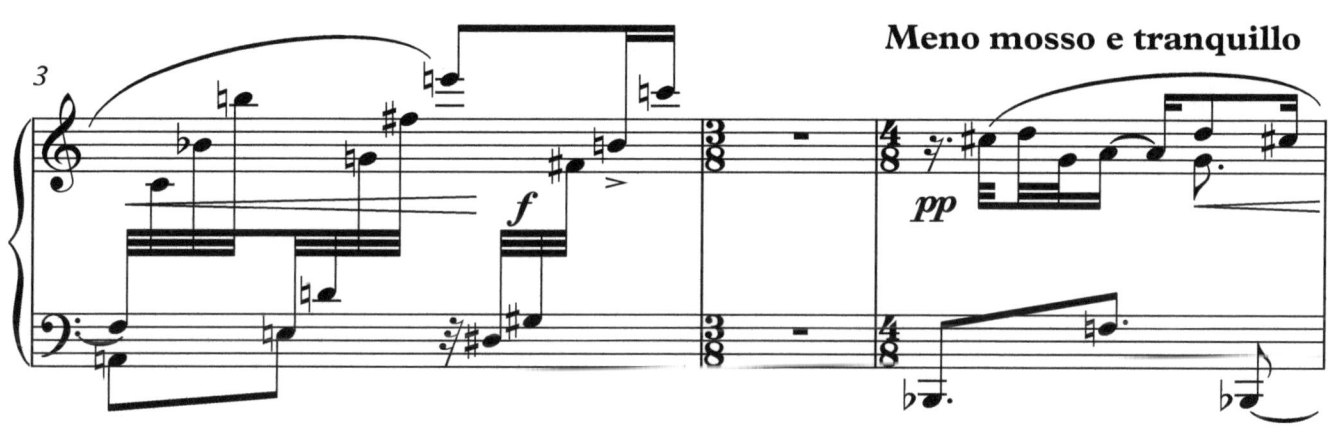

Meno mosso e tranquillo

Adagio   **A tempo**

III. Maestoso

36

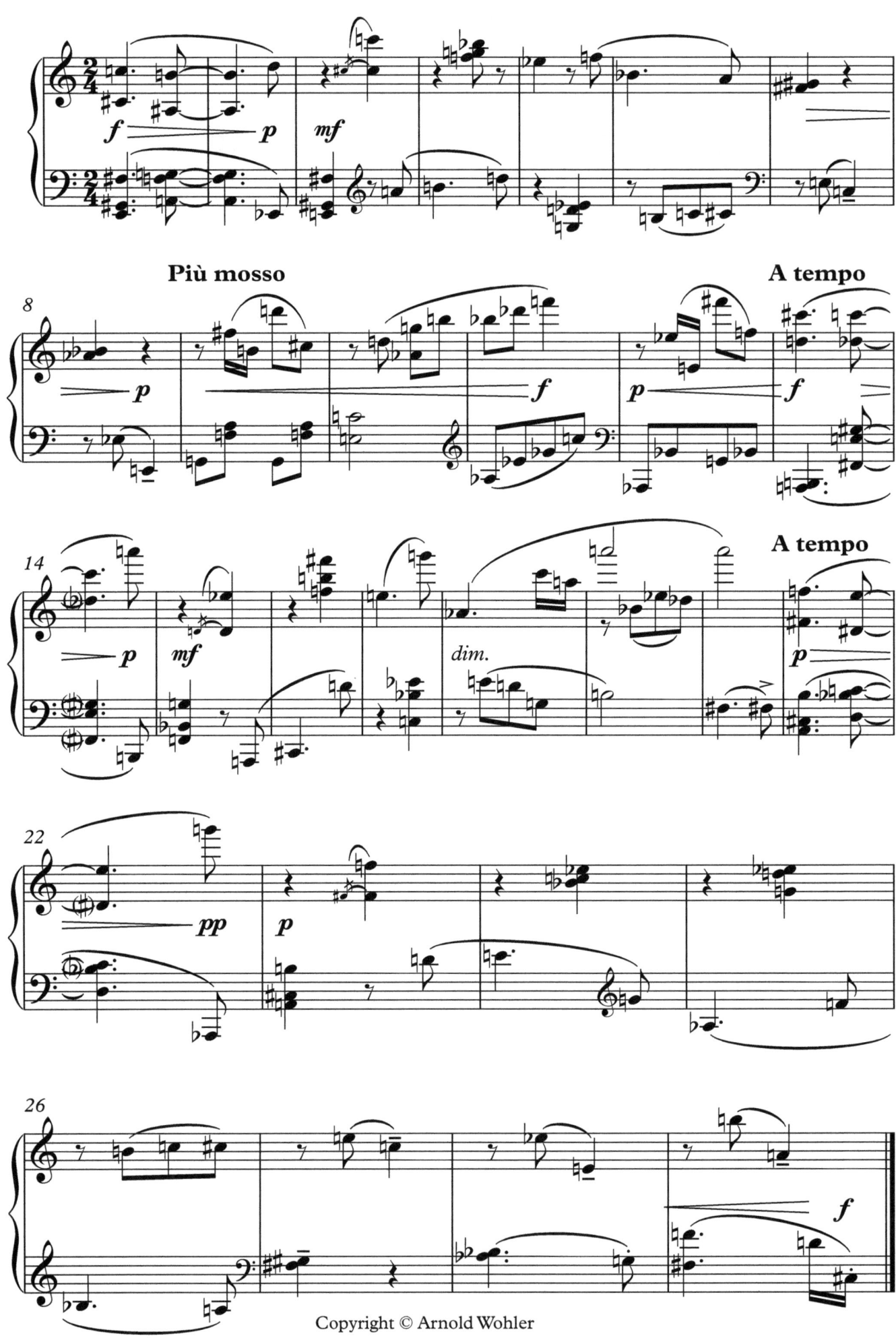

IV. Andante sostenuto

rit. _ _ _ Meno mosso   A tempo

V. Commodo

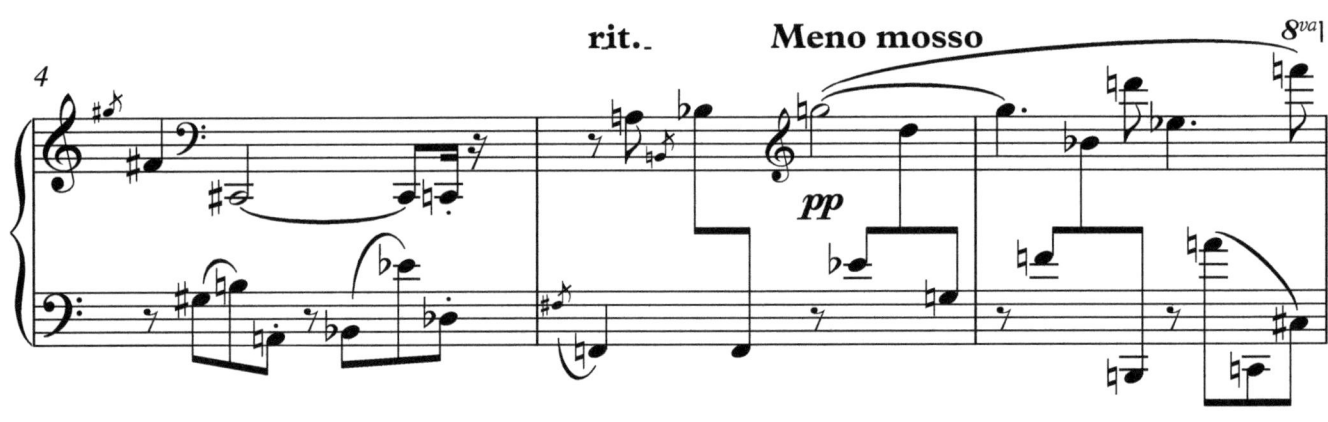

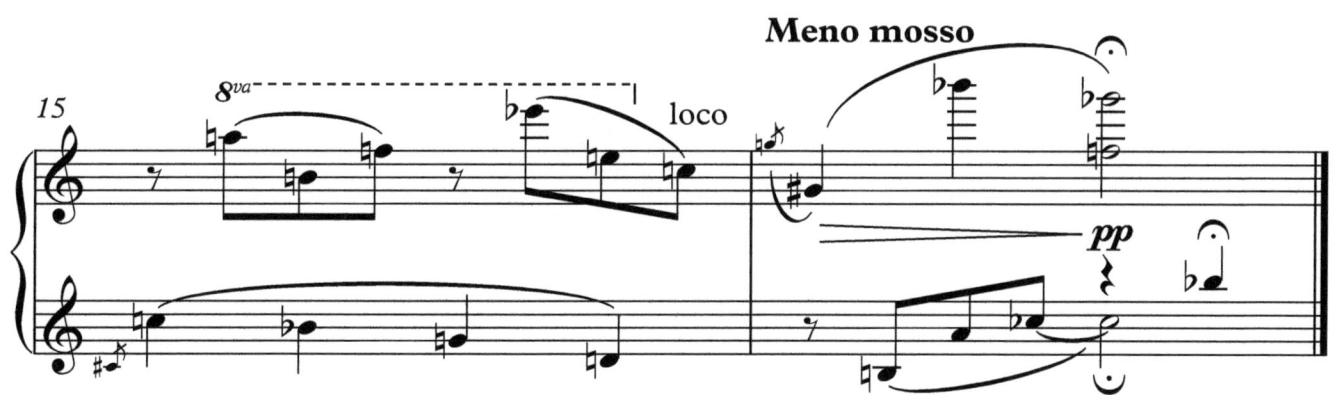

Klaviersuite Nr.2

I. Lento tranquillo

II. Larghetto

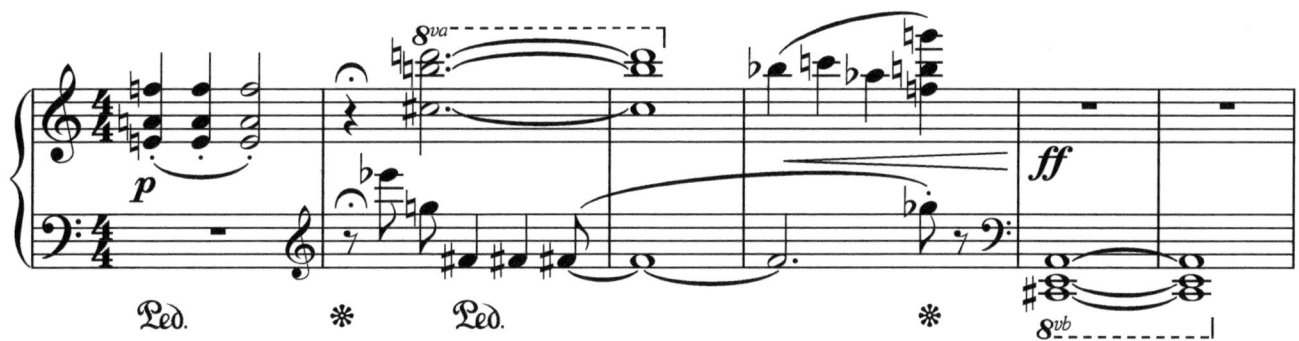

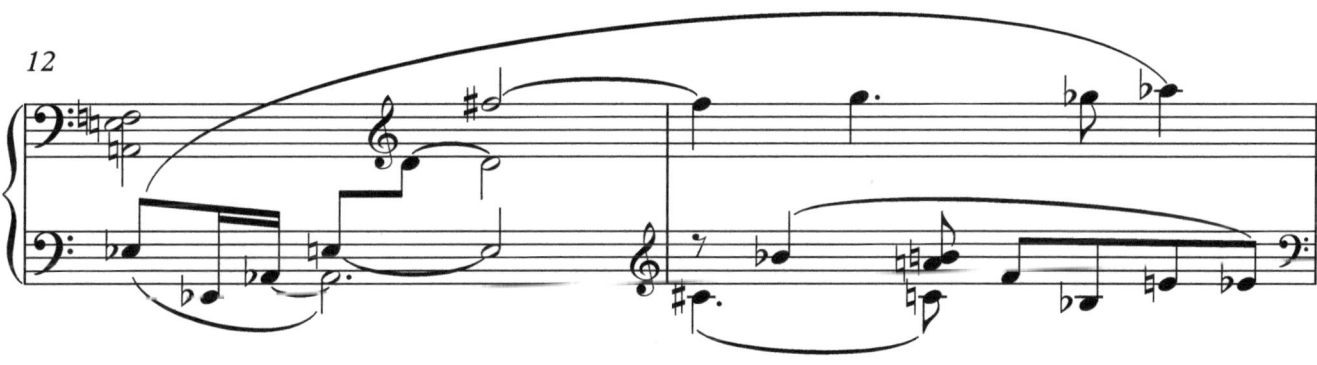

III. Adagio

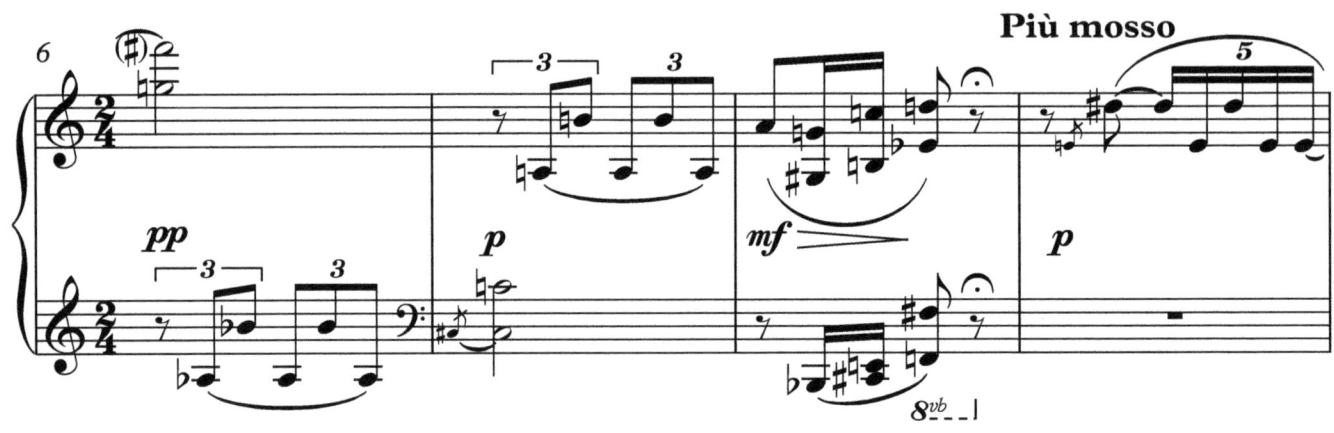

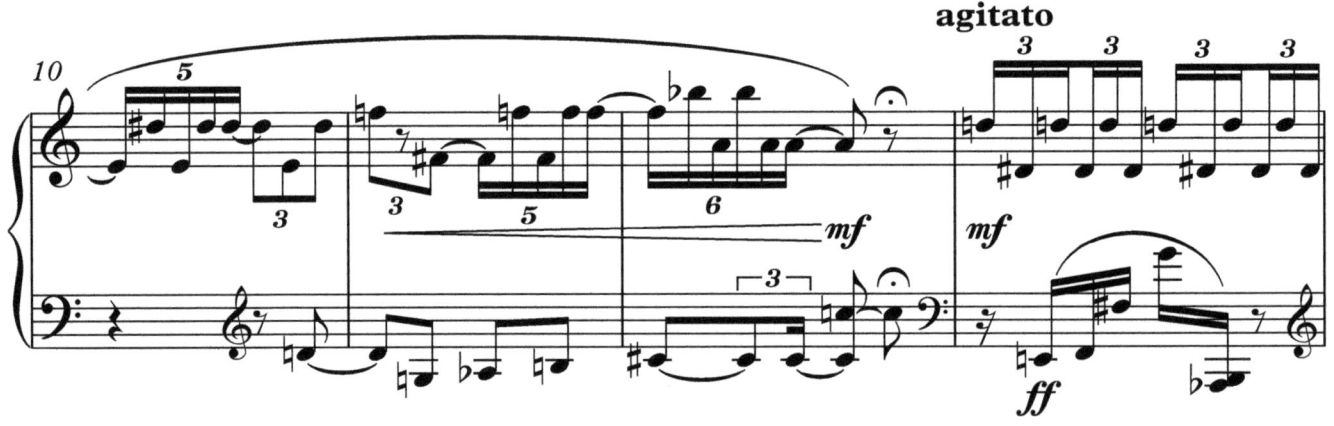

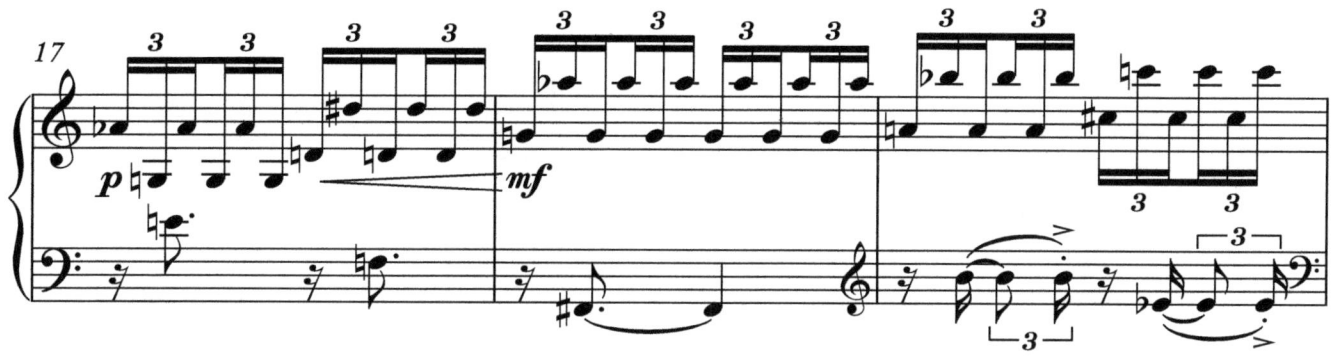

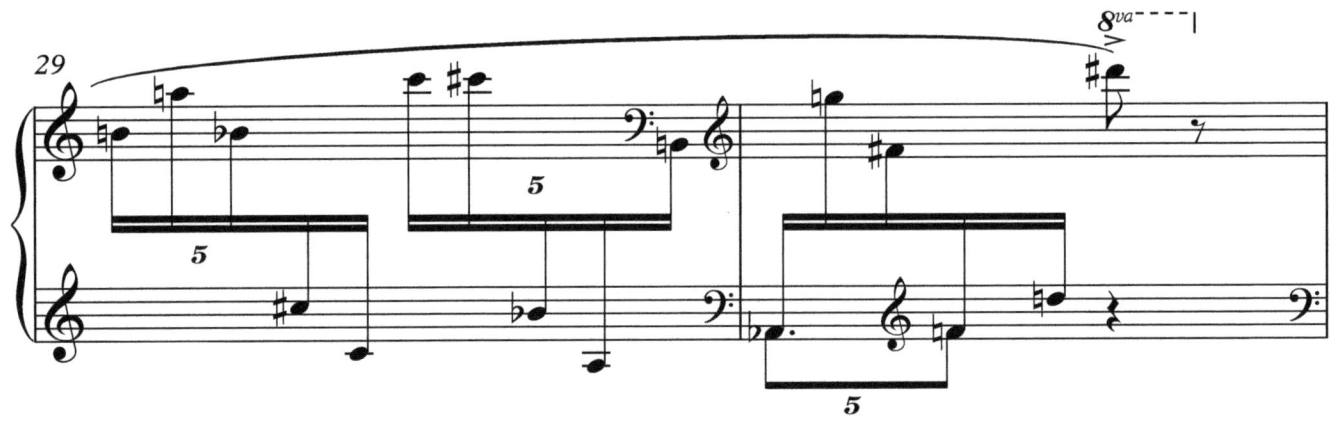

Agitato

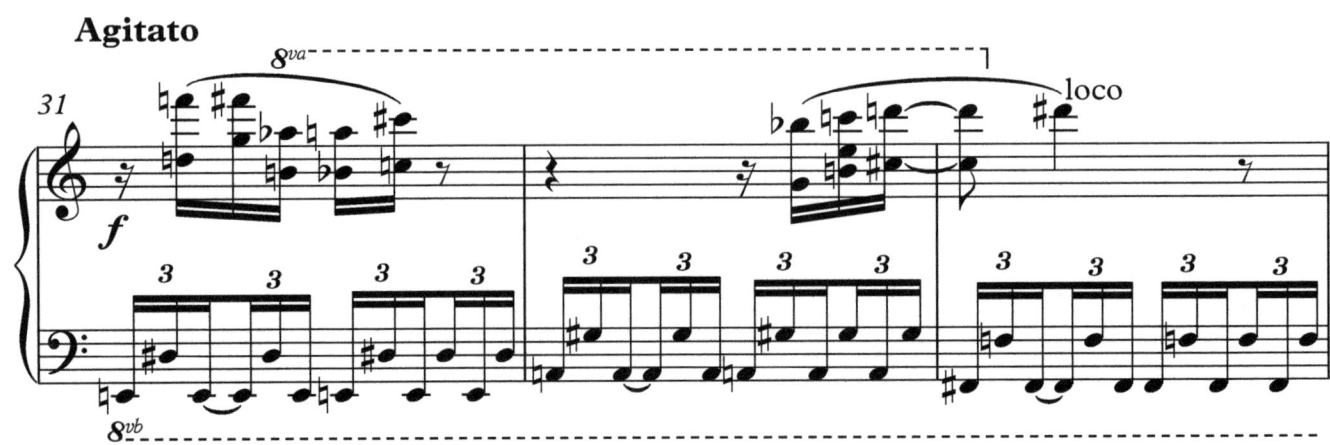

Più mosso

Adagio

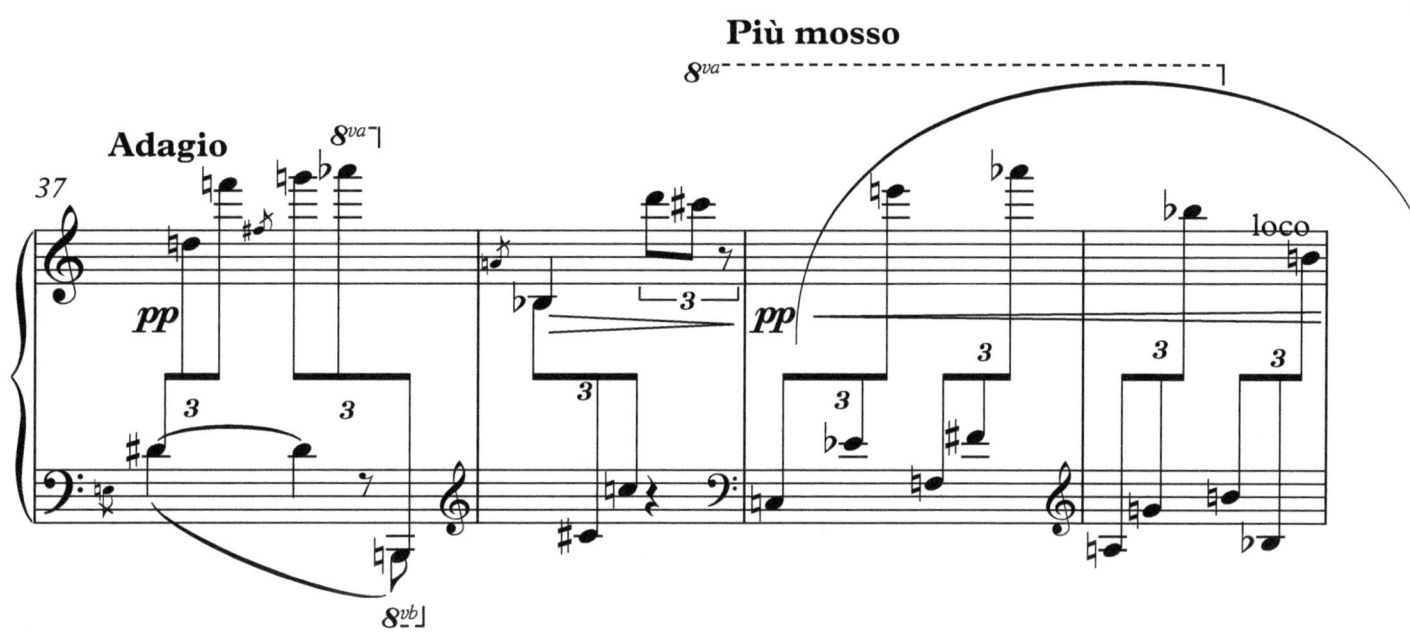

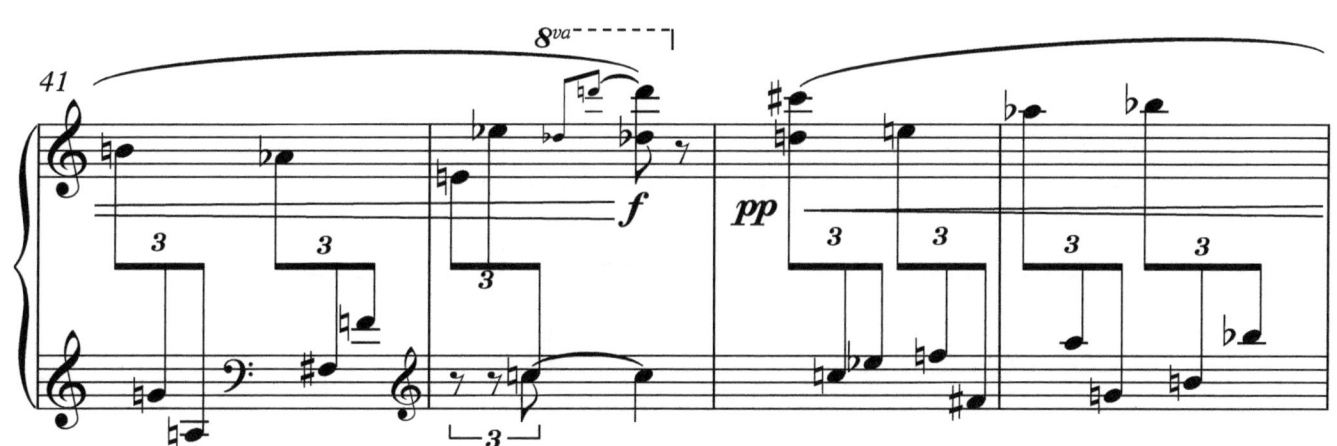

Più mosso (Allegretto)

Adagio

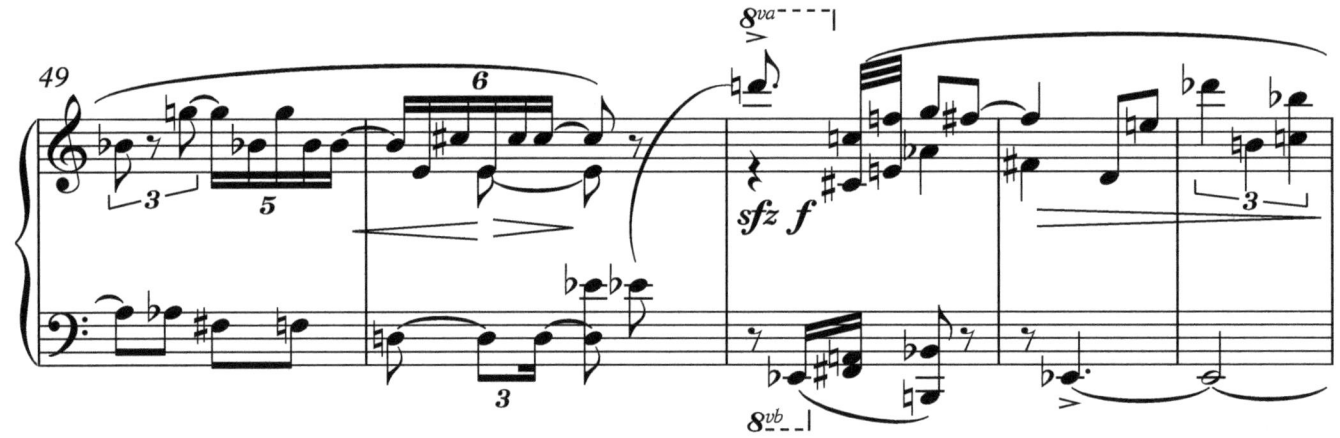

Più mosso

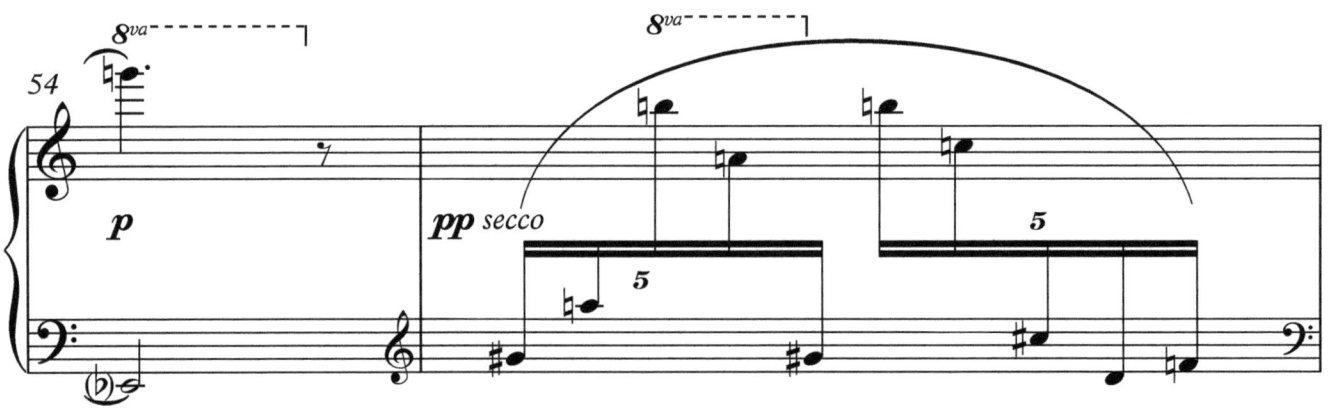

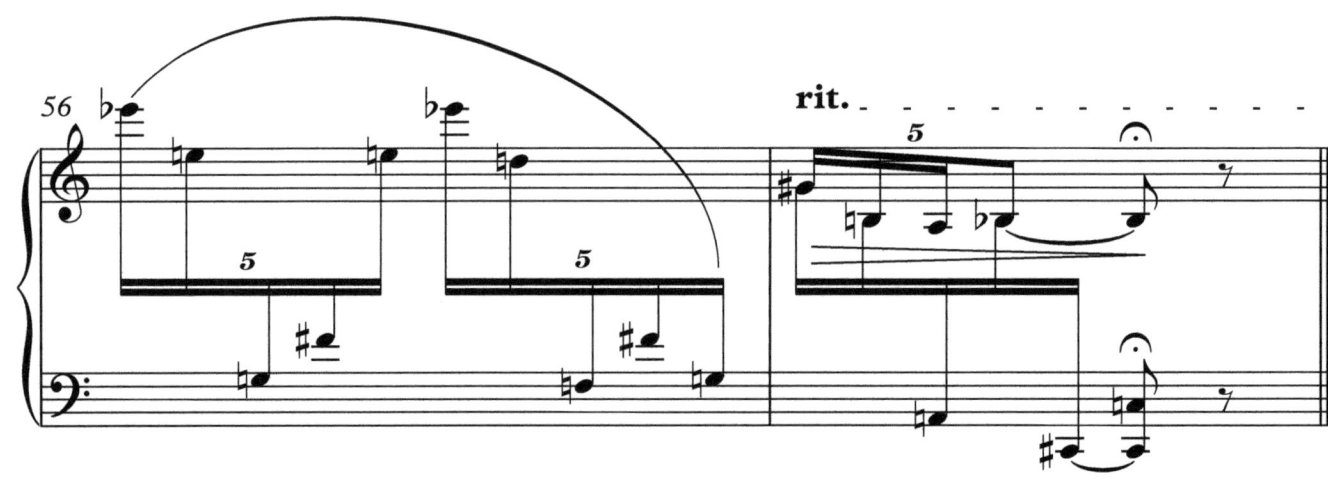

IV. Vivace scherzando

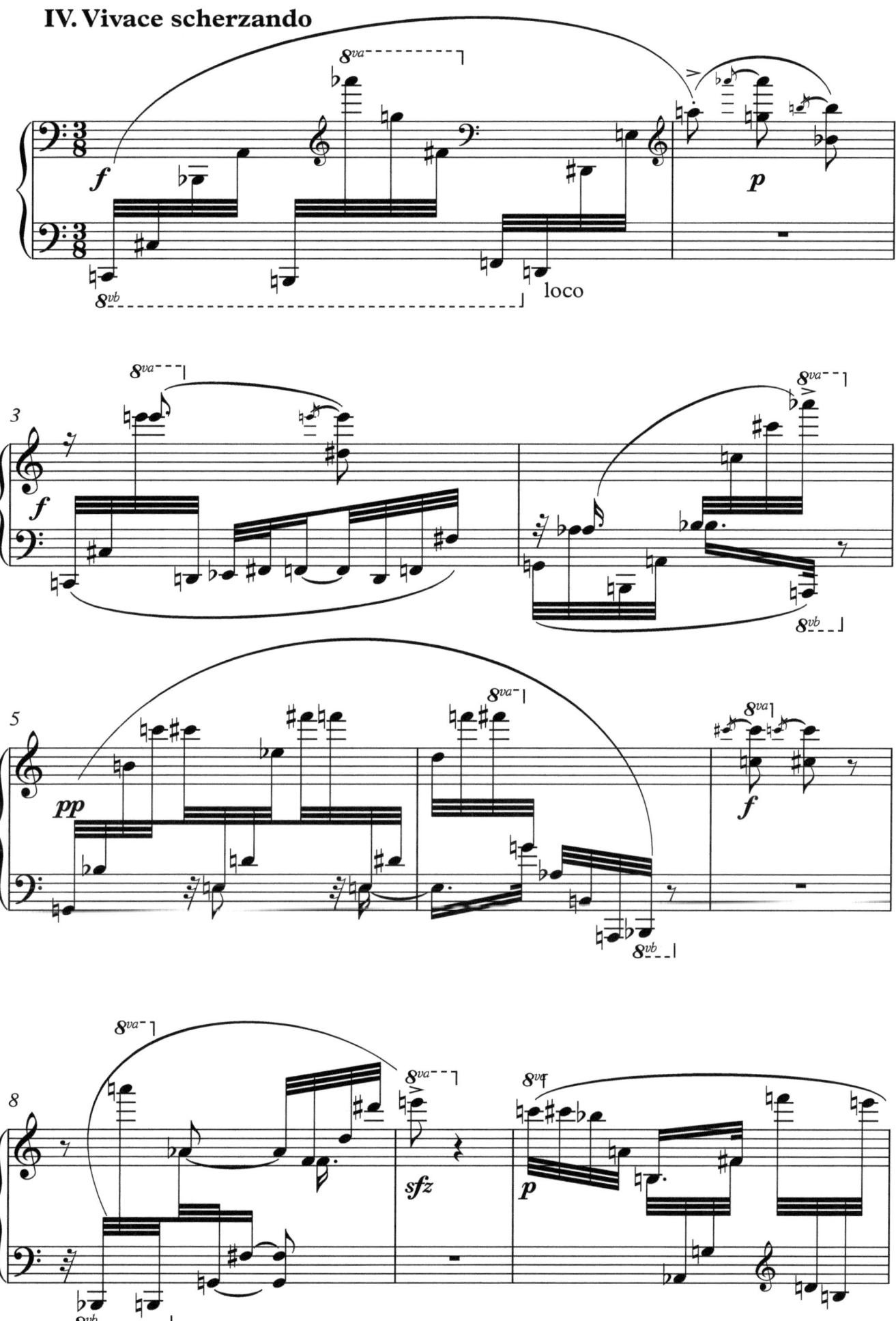

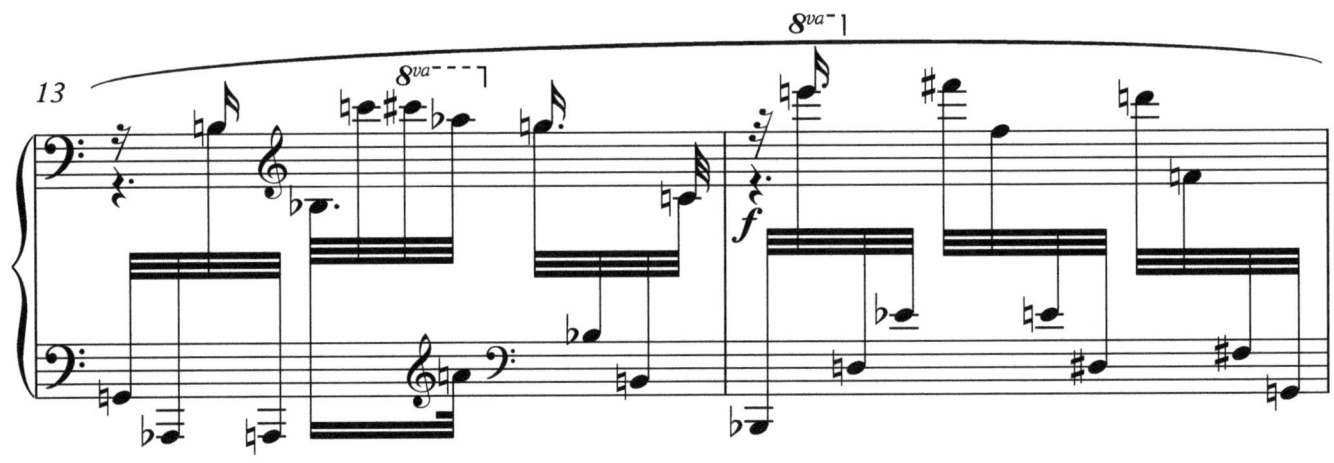

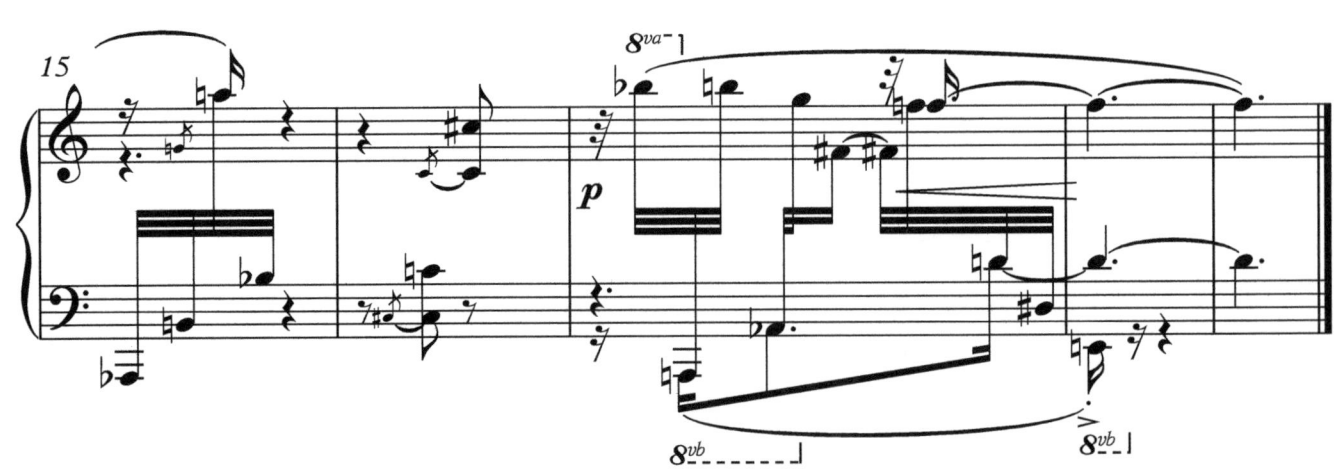

V. Andantino

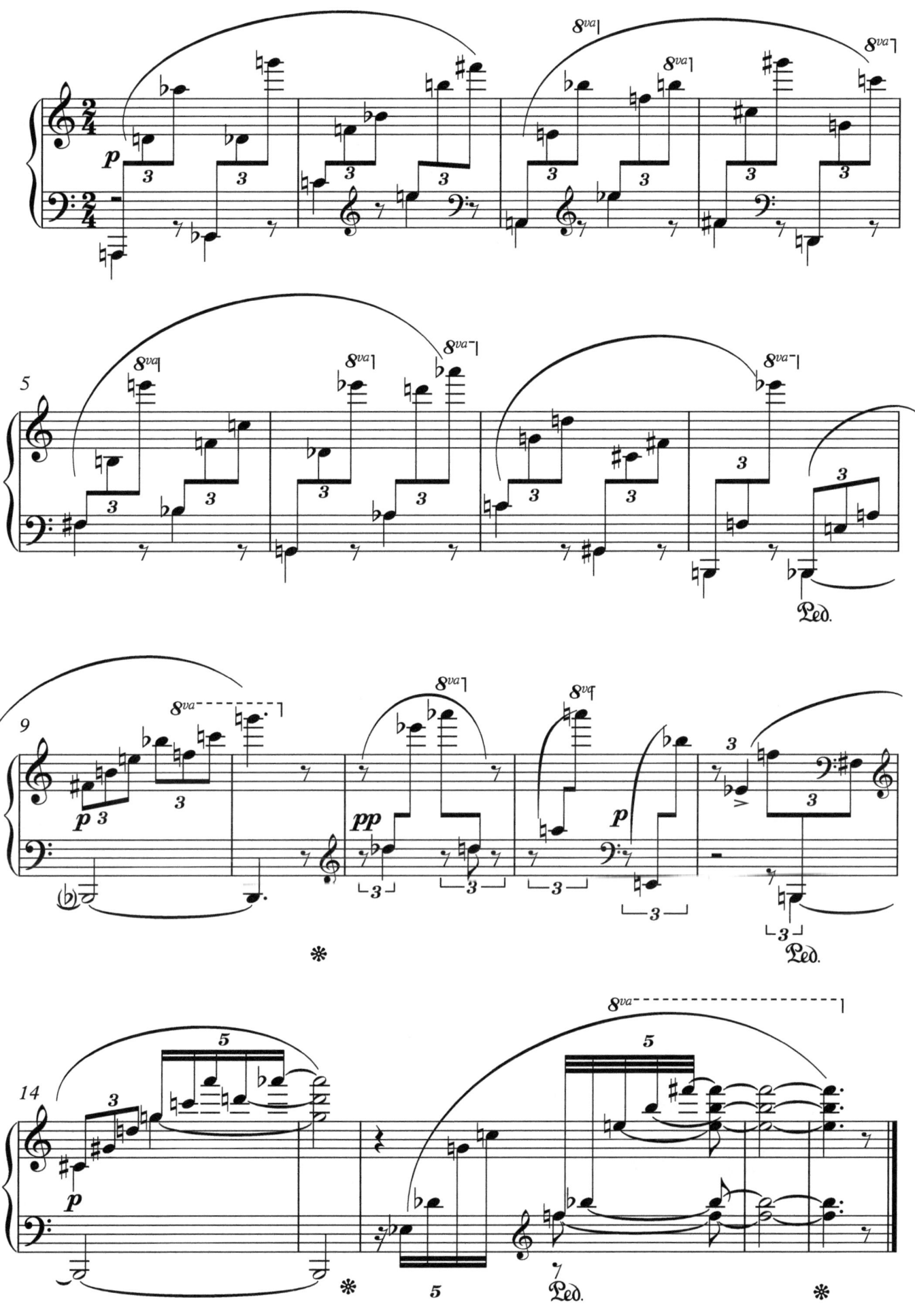

VI. Allegretto

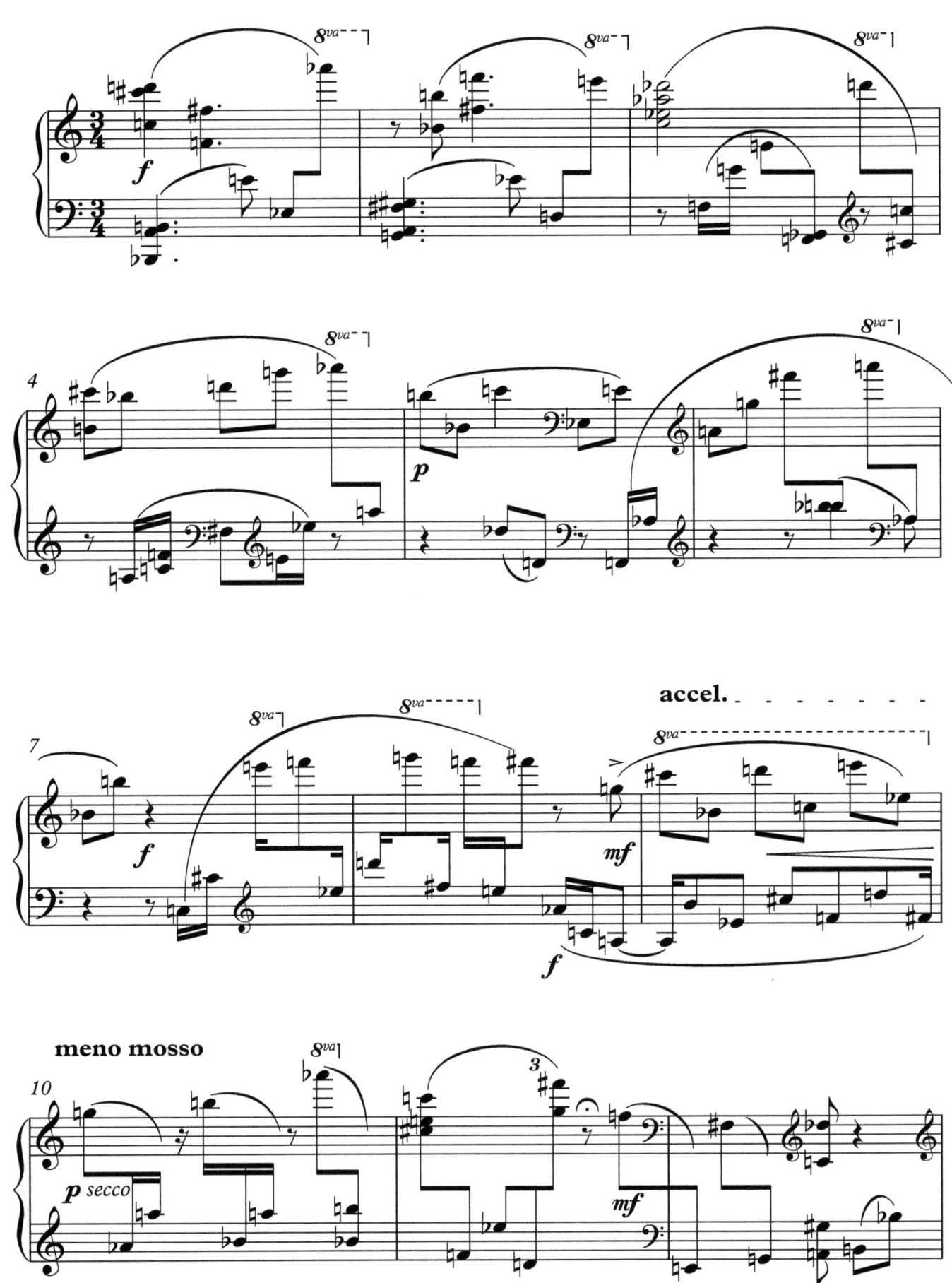

50

A tempo

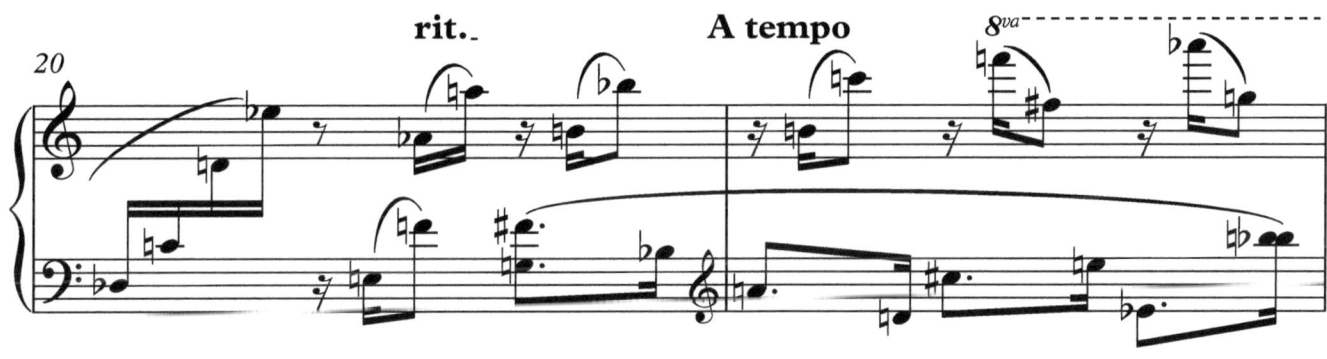

Klaviersuite Nr.3

I. Moderato leggiero

A tempo

II. Allegretto scherzando

III. Andante leggiero

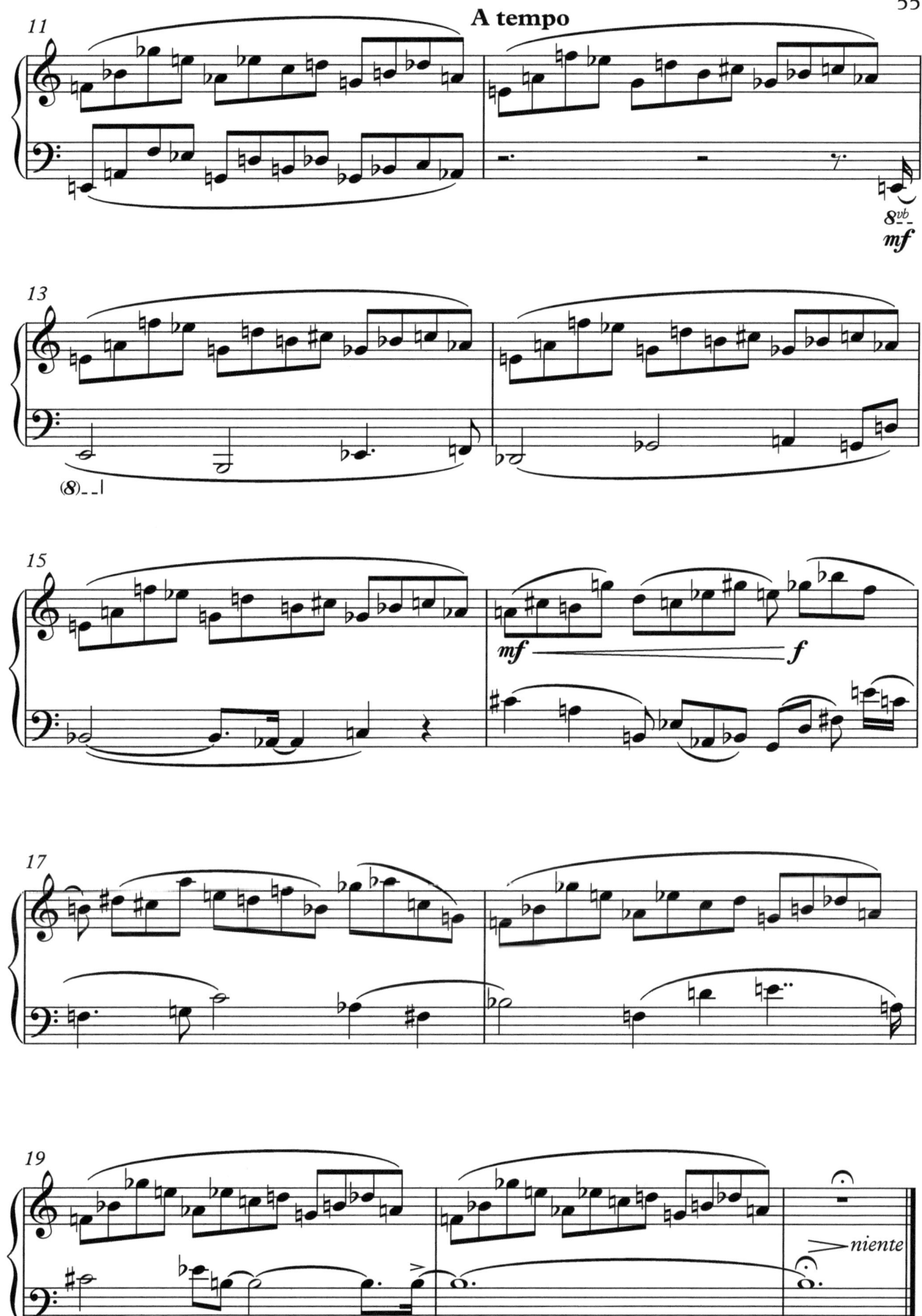

IV. Molto rubato

58

V. Agitato

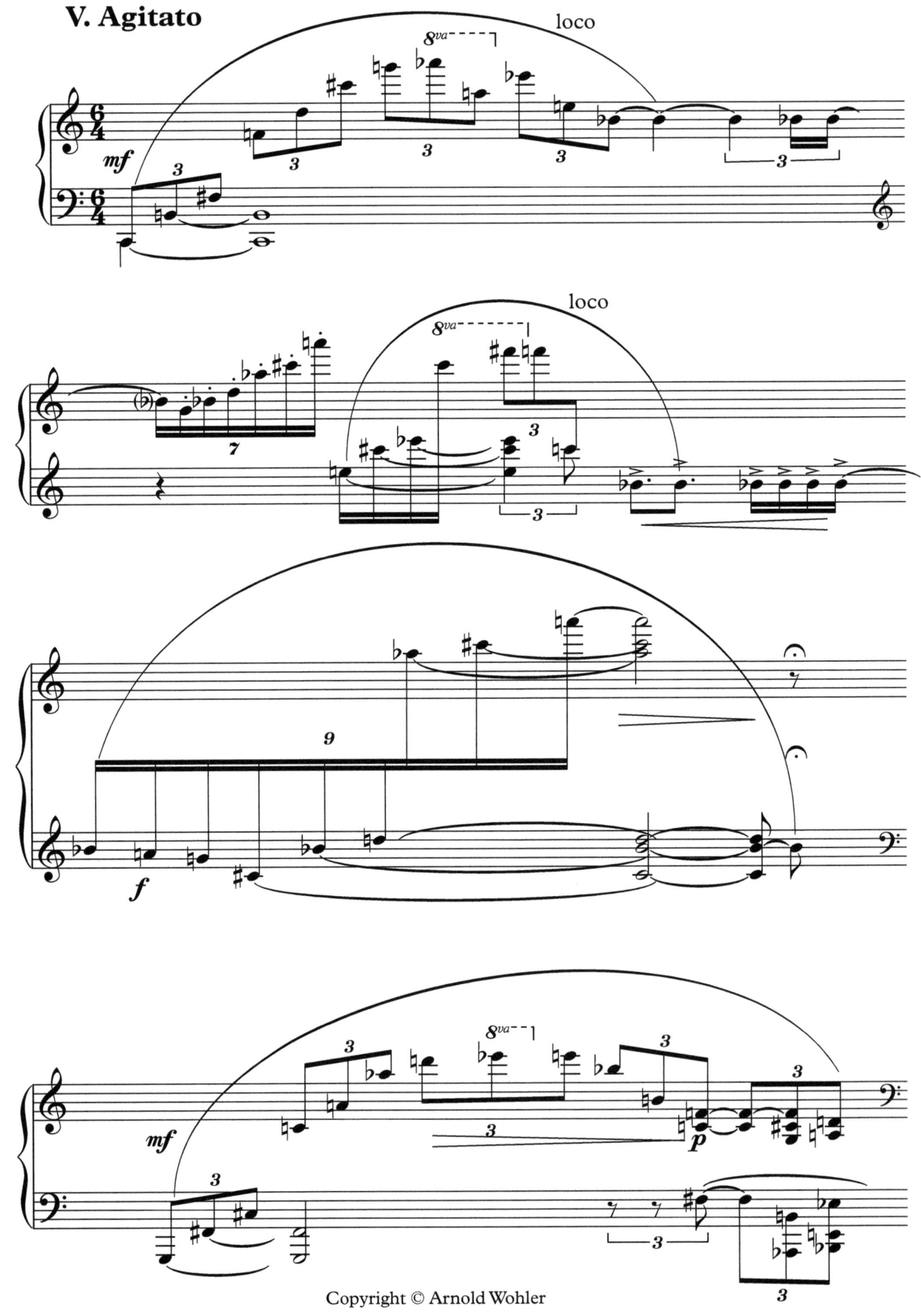

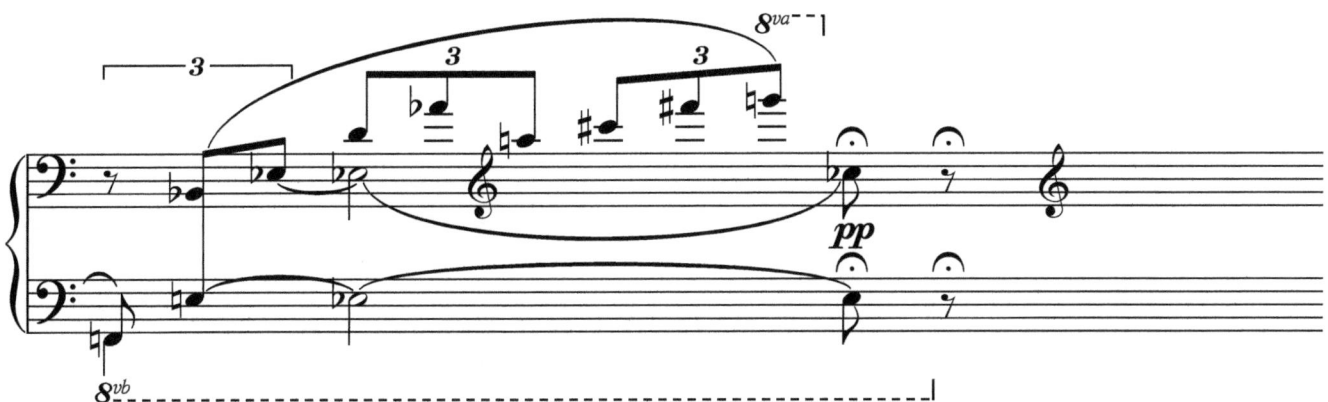

Zehn kleine Stücke für Klavier

I. Vivace

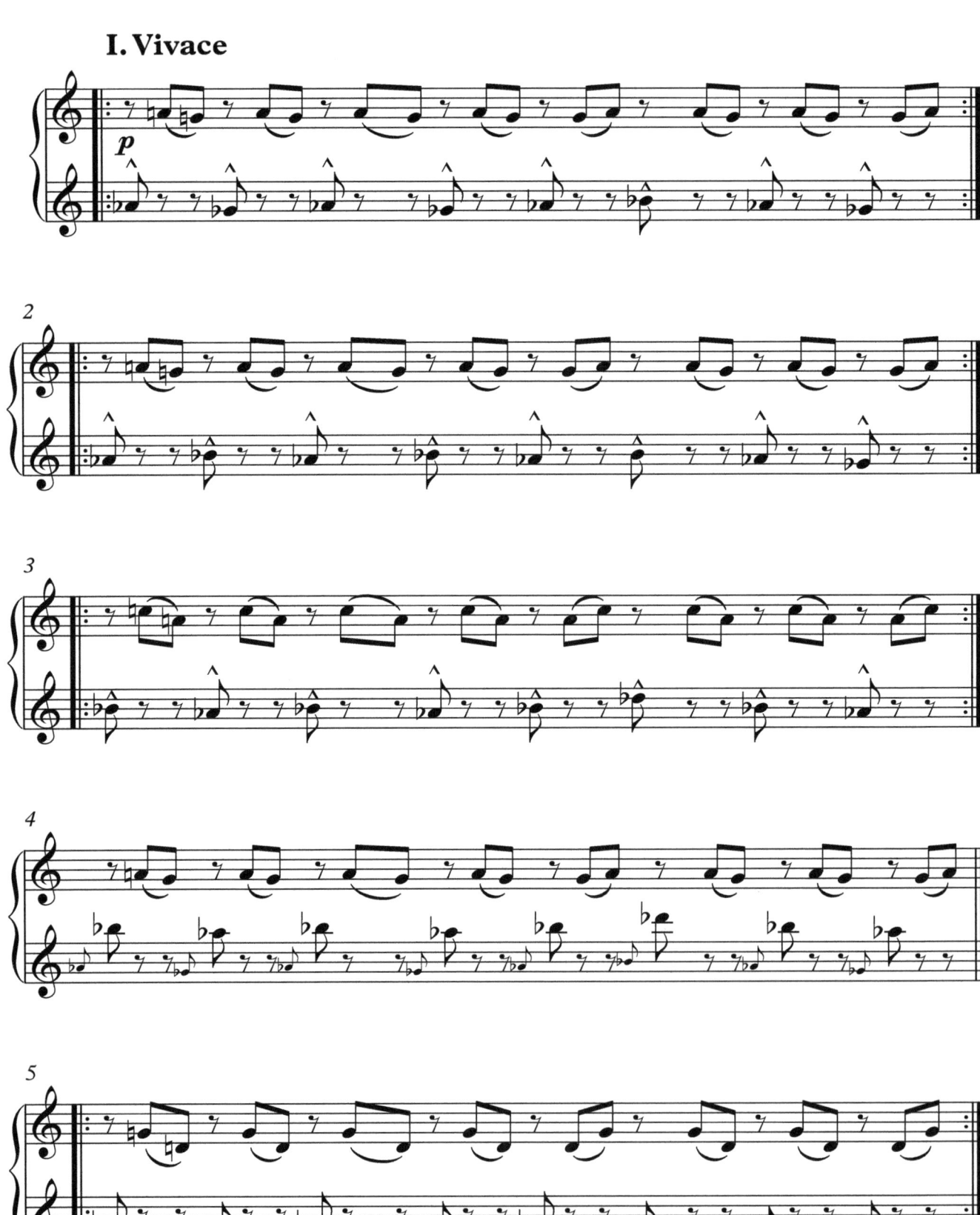

62

II. Andante

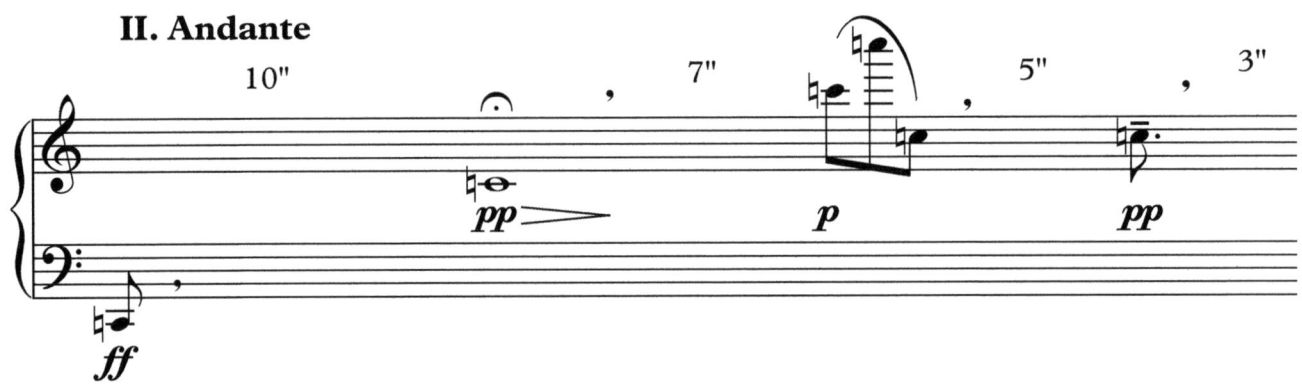

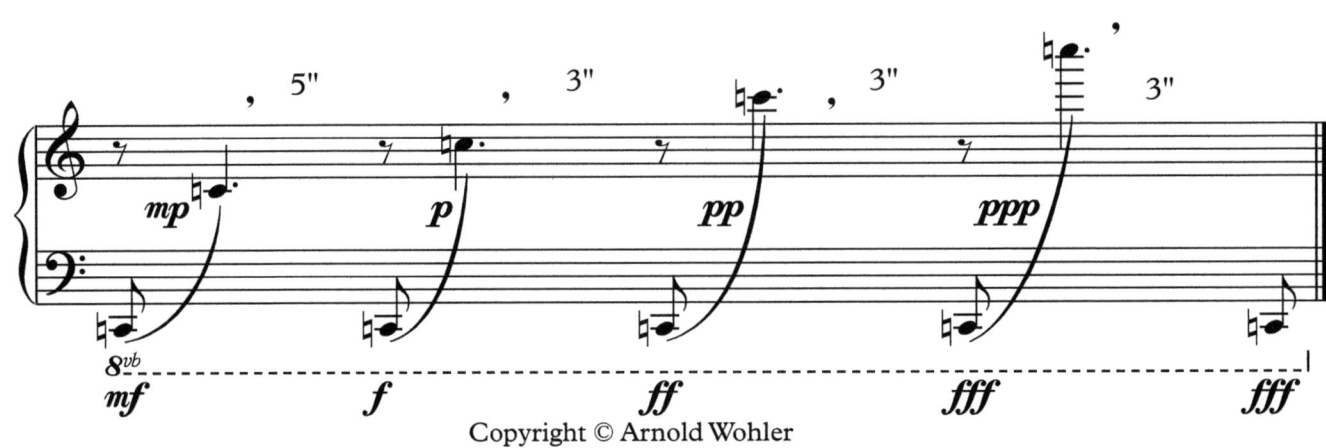

III. Arioso spirito

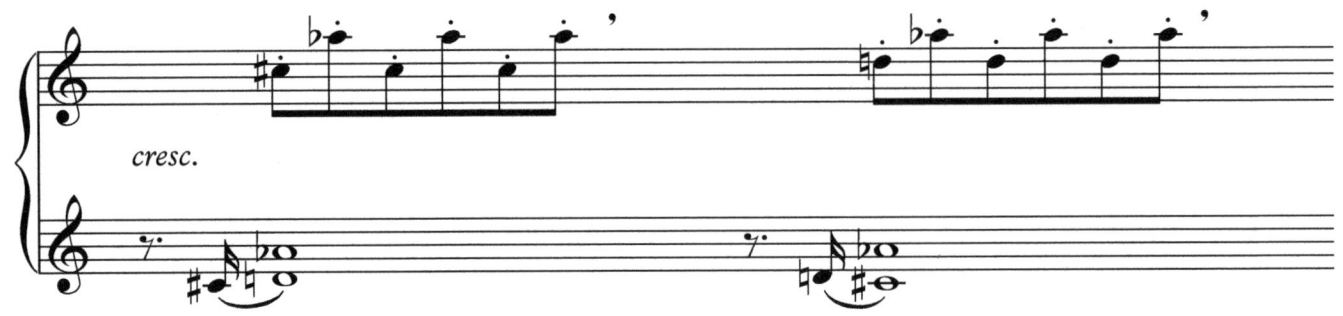

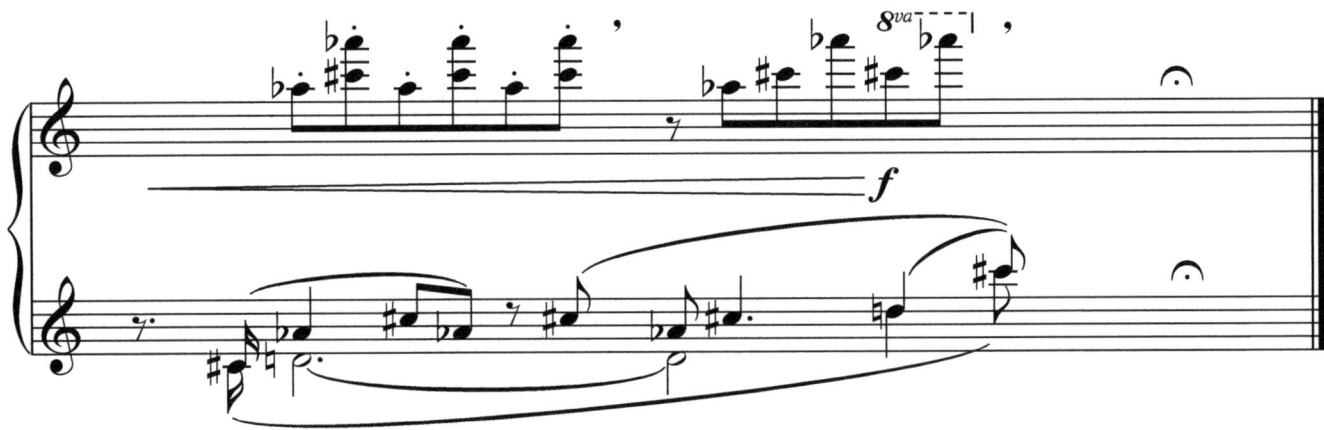

IV. Lento

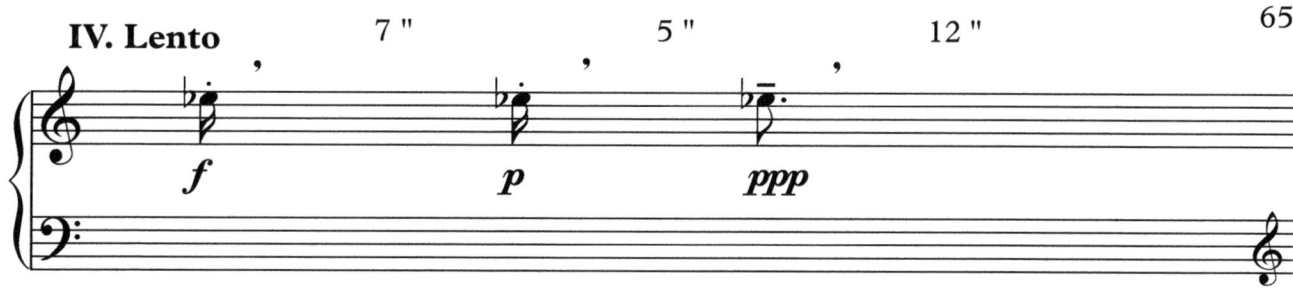

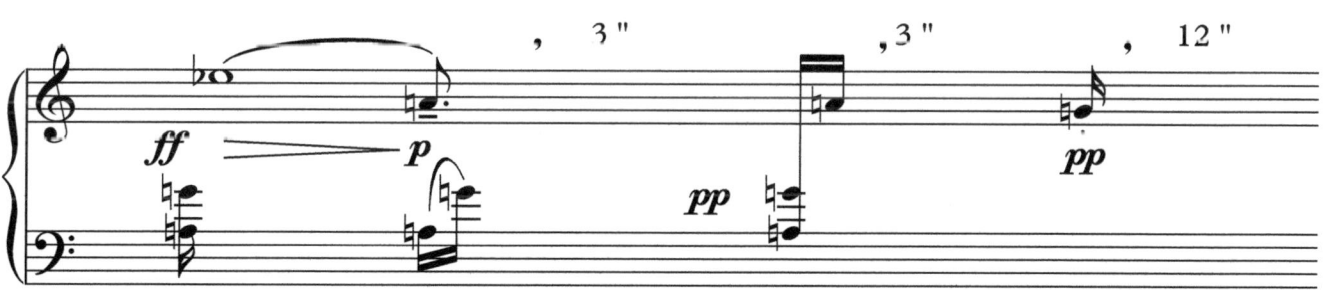

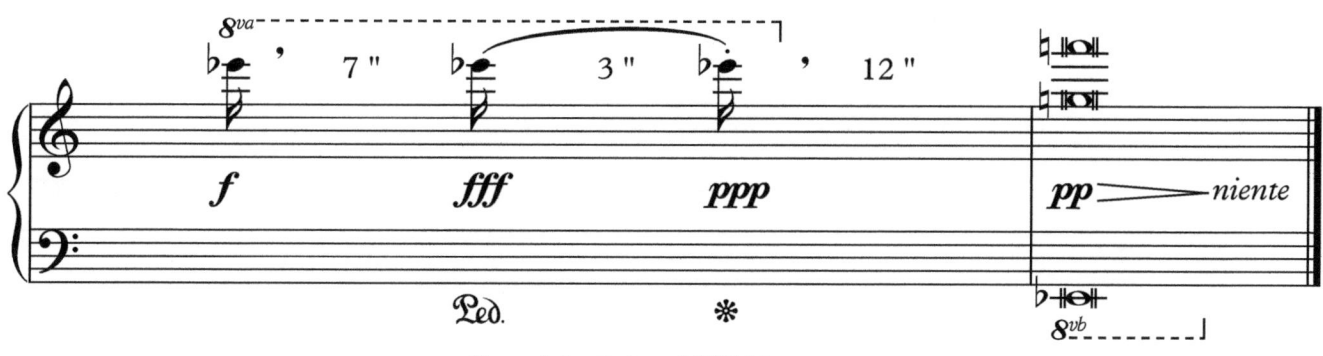

66

V. Allegretto

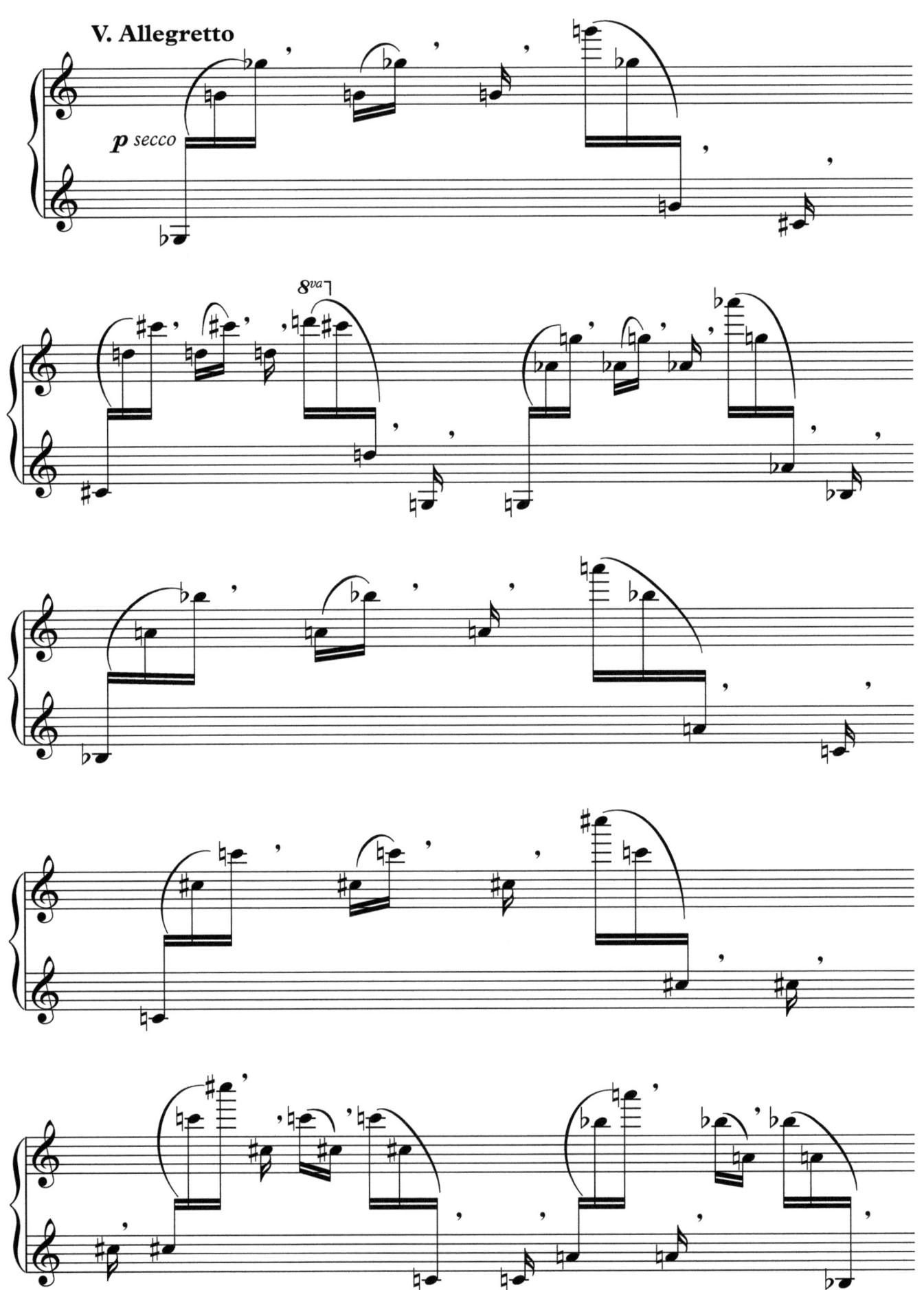

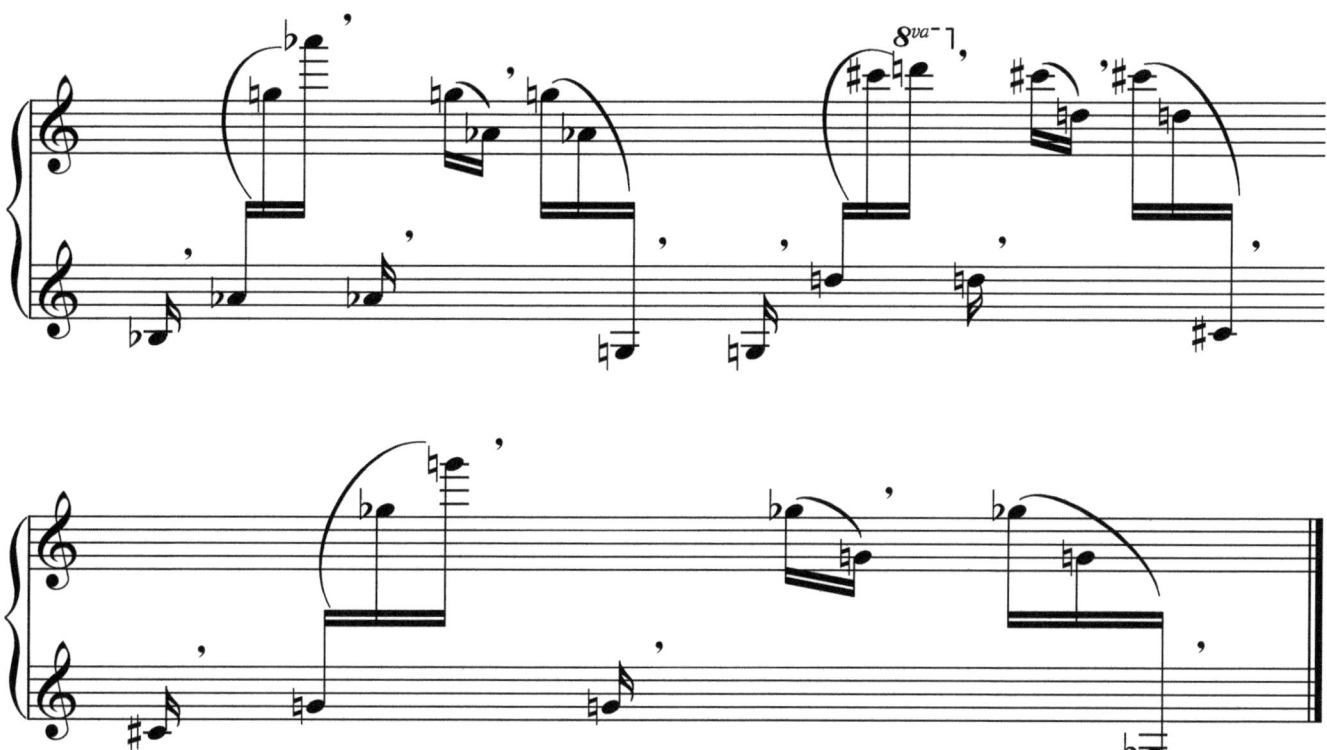

68

VI. Grave

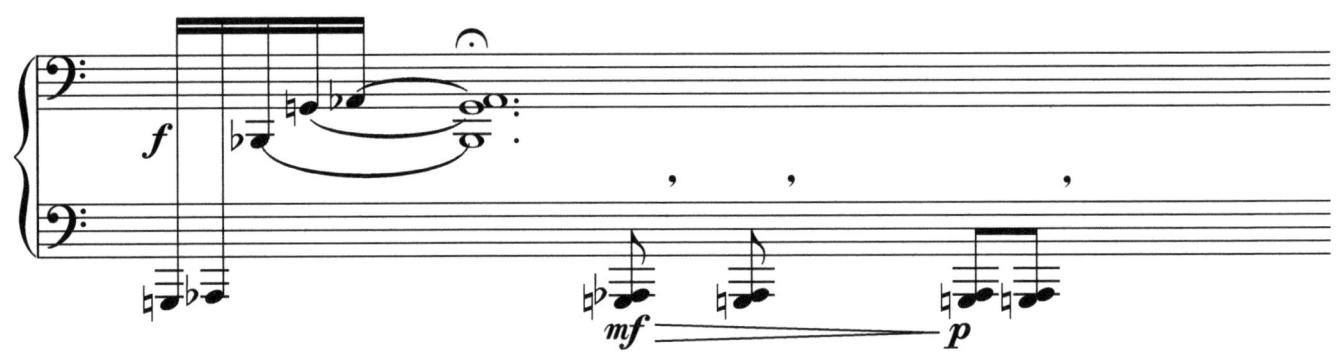

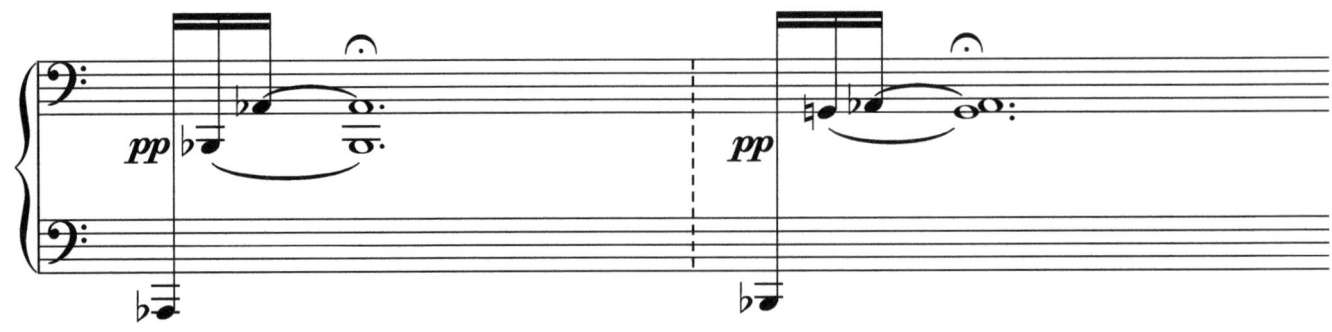

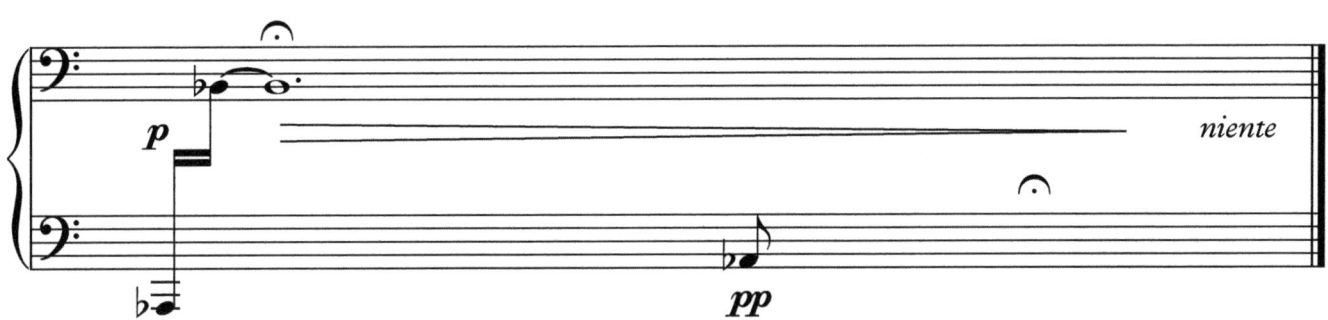

VII. Presto

70

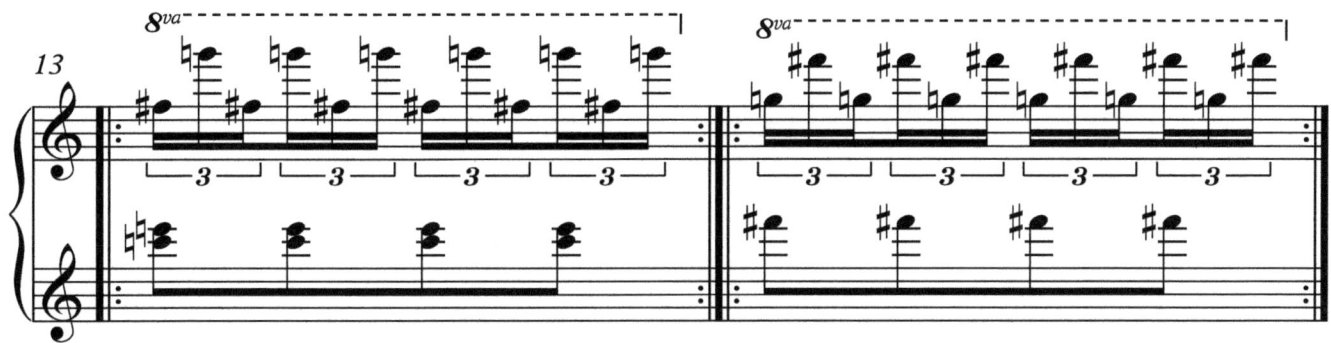

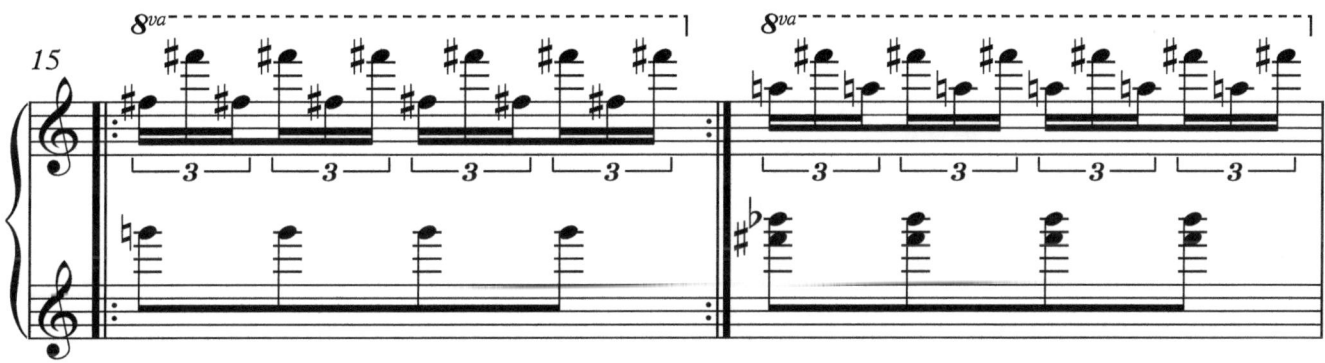

VIII. Largo espressivo

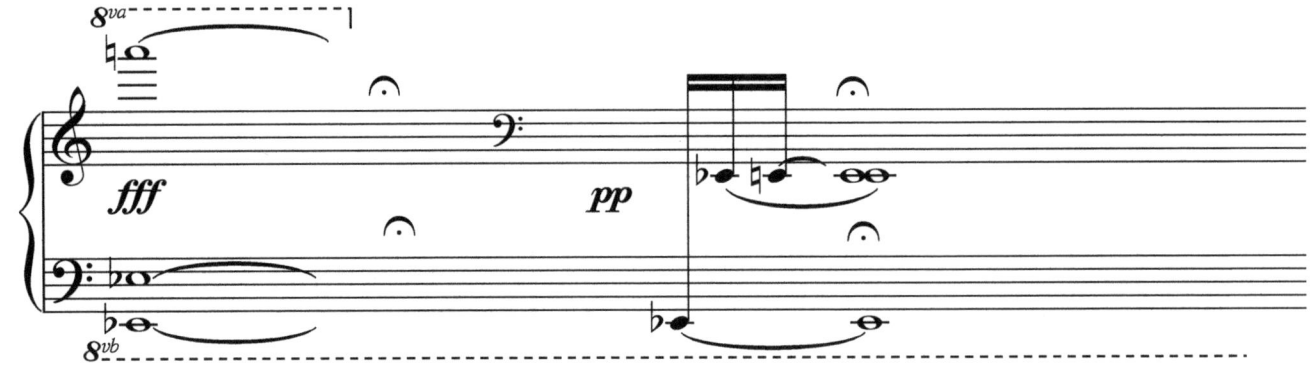

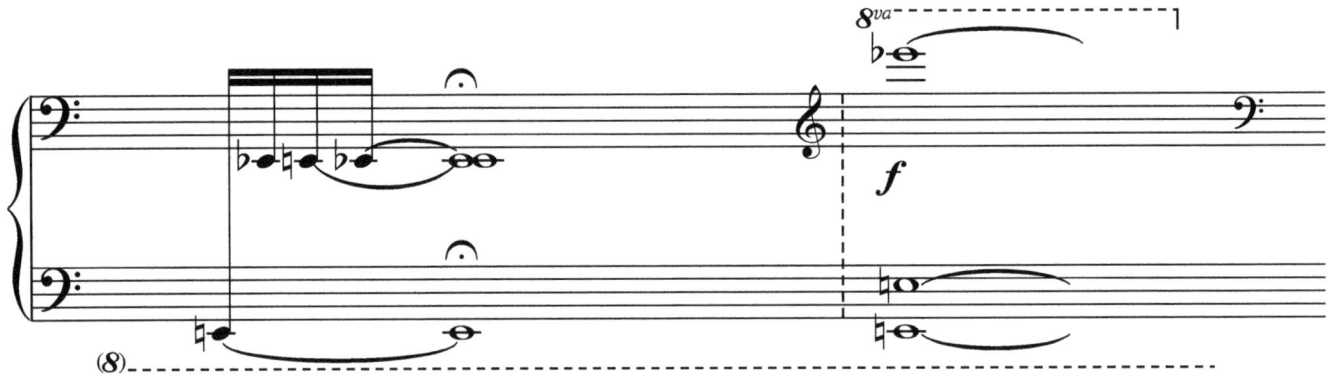

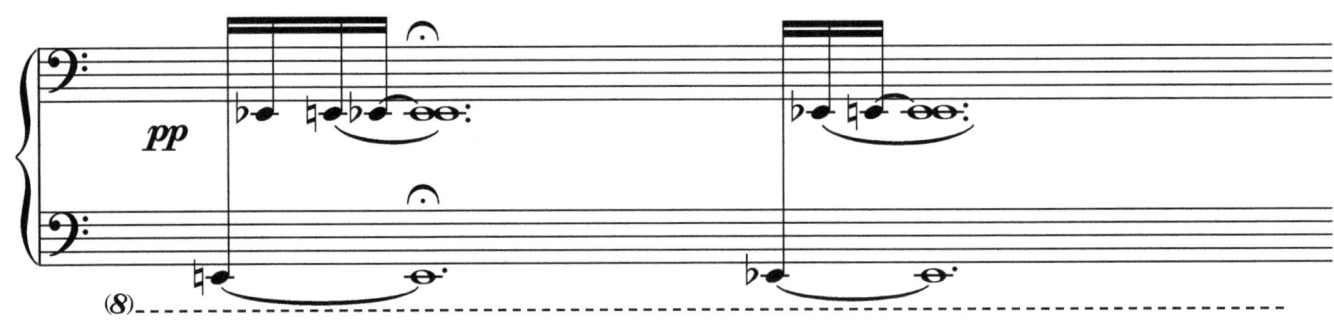

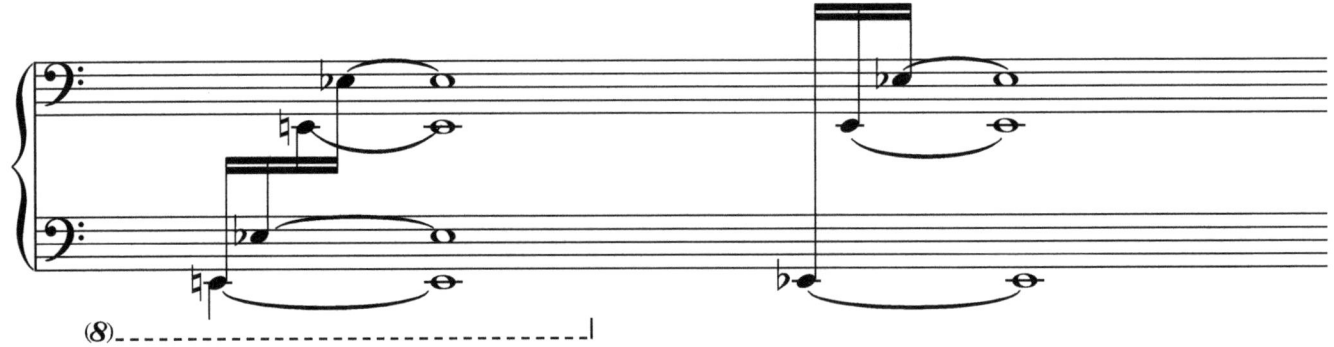

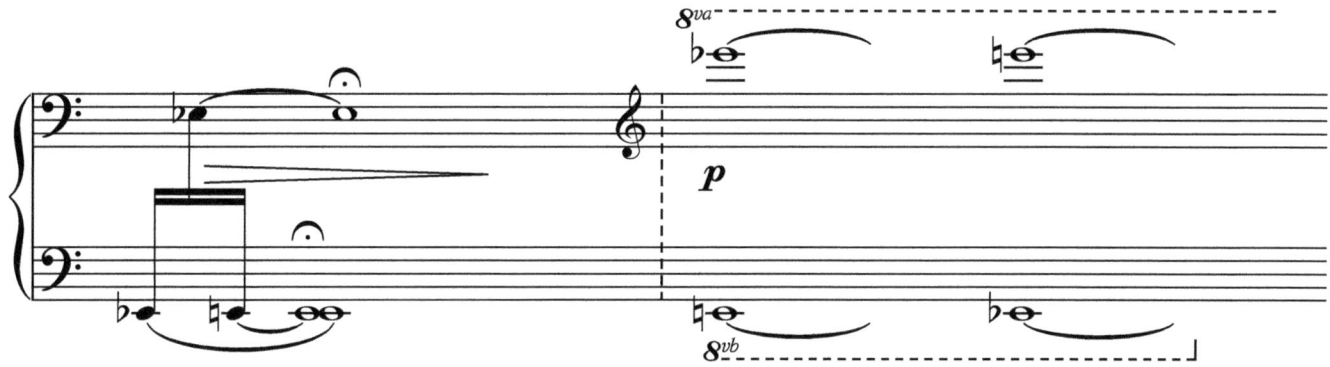

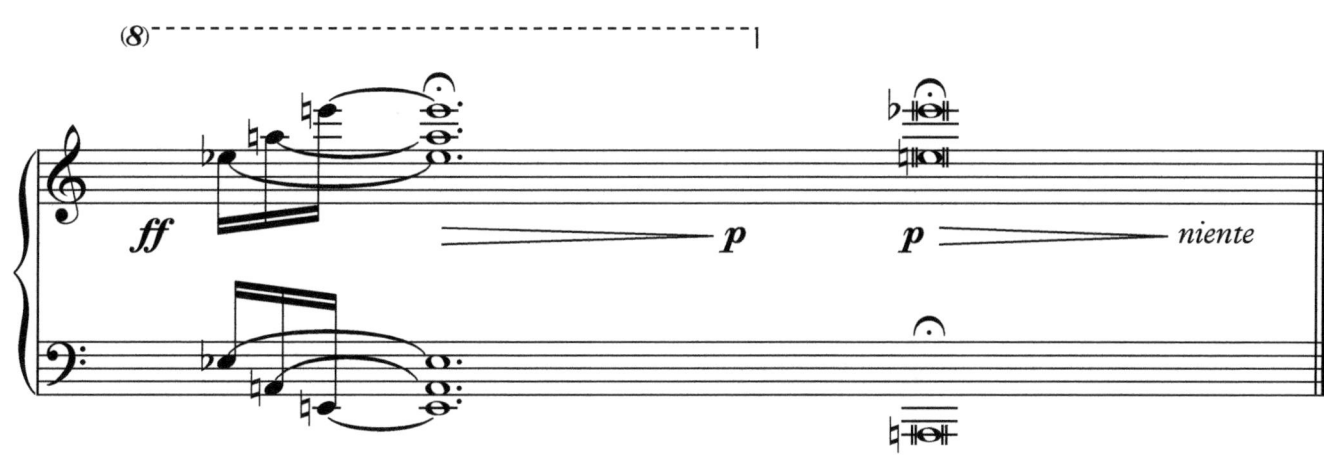

74

IX. Allegretto parlandosi

p *senza espressione*

callando e dim.

X. Andante

Wir feiern heut' Geburtstag!

I. Maestoso

Heut `fei - ern wir Ge-burts-tag tra - la-la - la-la, Char -lot - te wird schon

sie - ben! Sie ist für-wahr das schön - ste Kind, das wir auf Er-den

Meno mosso

1. ha - ben! Heut
2. ha - ben! Drum lasst uns fei - ern

rit. _ _ _ _ _ _ _ _ _ _ _ _ _

die - sen Tag!

II. Andante

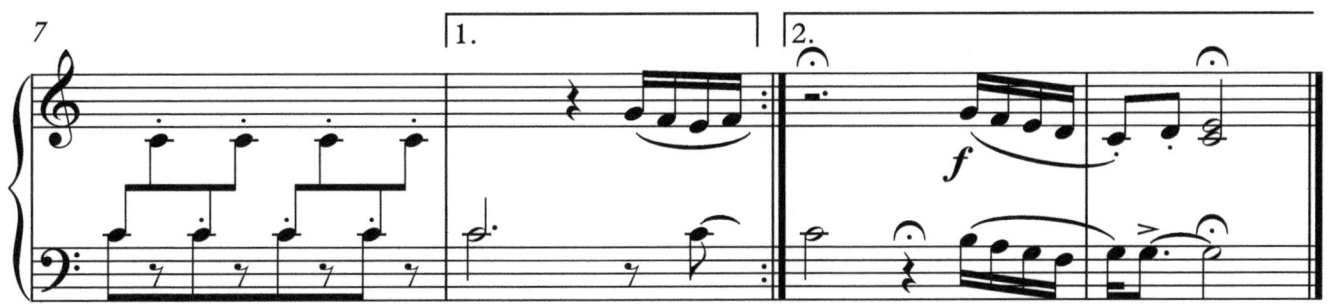

III. Moderato

da capo ad libitum

IV. Presto

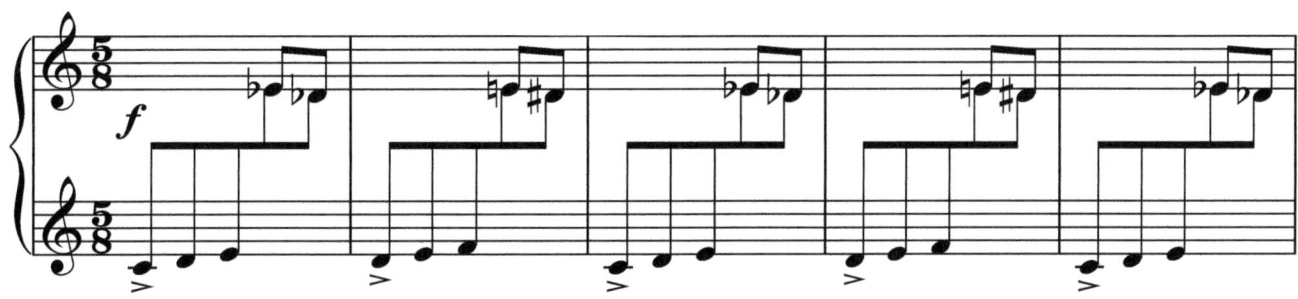

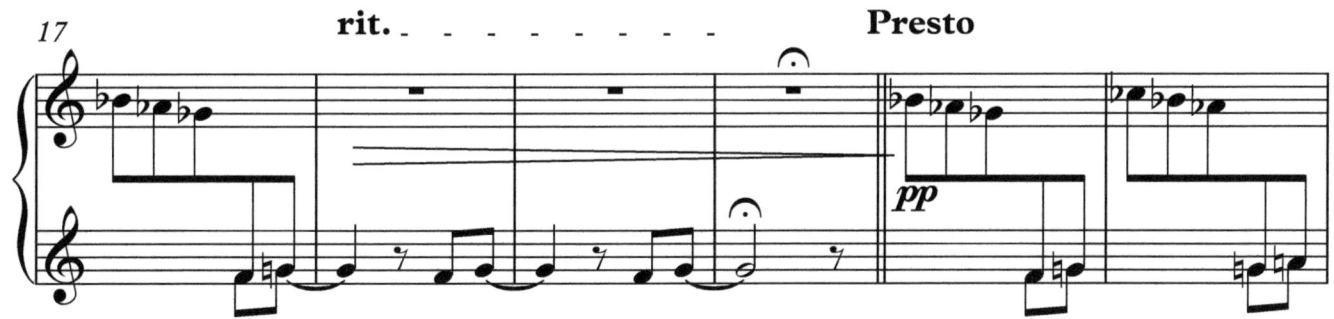

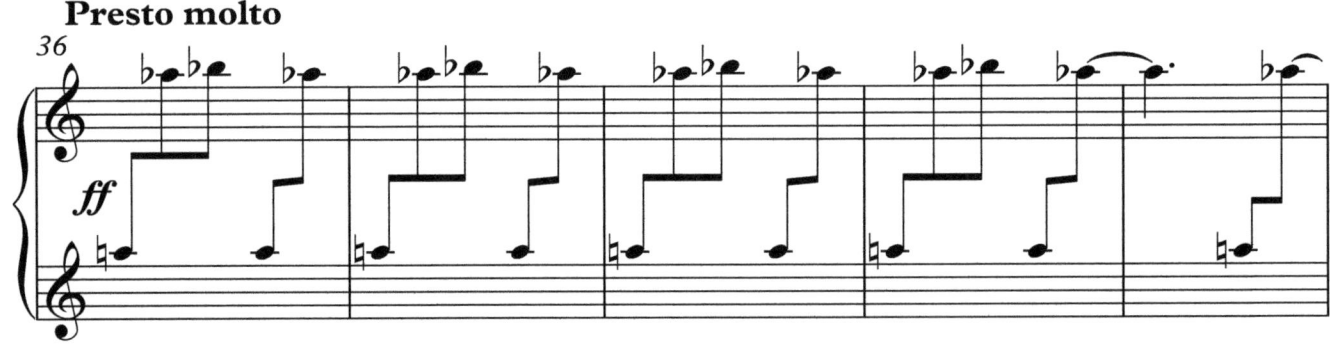

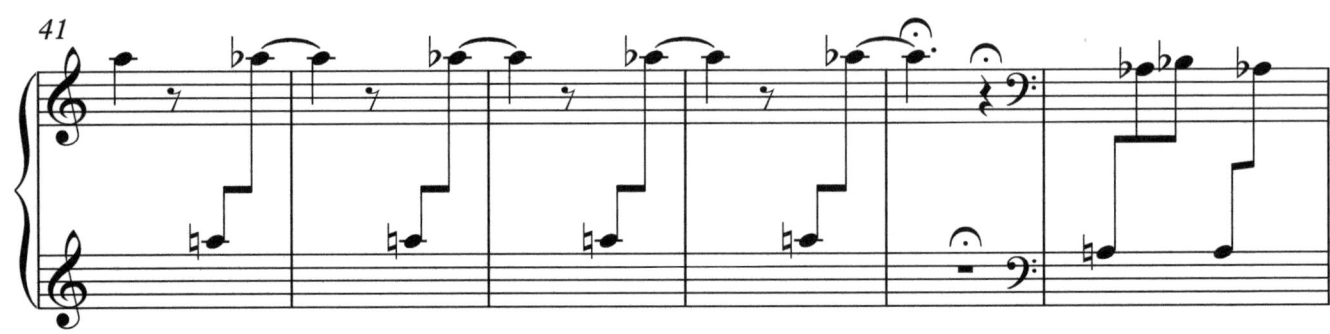

82

V. Allegro moderato

VI. Tempo di menuetto

VII. Allegretto grazioso e cantabile